La masacre de Panzós:
Etnicidad, tierra y
violencia en Guatemala

Victoria Sanford

Victoria Sanford

LA MASACRE DE PANZÓS:

ETNICIDAD, TIERRA Y VIOLENCIA EN GUATEMALA

TRADUCCIÓN DEL INGLÉS DE
MARIELA RODRÍGUEZ

La masacre de Panzós:
Etnicidad, tierra y violencia en Guatemala
Victoria Sanford

Primera edición
© Victoria Sanford
© Esta edición: F&G Editores

Foto de portada: Victoria Sanford.
Foto de la autora: Dany Johnson.

Impreso en Guatemala

F&G Editores
31 avenida "C" 5-54, zona 7
Colonia Centro América
Guatemala, Guatemala
Telefax: (502) 2439 8358 y (502) 5406 0909
informacion@fygeditores.com
www.fygeditores.com

ISBN: 978-99939-84-07-8

Para su producción este libró contó con el apoyo financiero del Fondo para el Fomento Editorial de Fundación Soros Guatemala.

Guatemala, octubre de 2009

CONTENIDO

AGRADECIMIENTOS

Este libro está dedicado a los sobrevivientes de Panzós. Está basado en la investigación que realicé en 1997 y 1998 con la Fundación de Antropología Forense de Guatemala (FAFG) que sirvió de base para su informe a la Comisión para el Esclarecimiento Histórico. Este libro no hubiera sido posible sin la generosidad de la FAFG y la confianza de la comunidad de Panzós. La investigación y redacción fueron posibles por al apoyo que he recibido de Fulbright-Hays, MacArthur Consortium, Inter-American Foundation, Shaler Adams Foundation, Virginia Foundation for the Humanities, Radcliffe Institute for Advanced Studies y Lehman College.

Agradezco a María Maquín y las viudas de Panzós por su ejemplo profundo de dignidad humana y por permitirme el privilegio de acompañarlas mientras buscaban recuperar la memoria histórica de la masacre de Panzós. Fredy Peccerelli, José Suasnavar, Leonel Paiz, Ramiro Ávila Santamaría, Fernando Moscoso, Anna Haughton, Phyllis Beech, Helena Pohlandt McCormick, Lotti Silber, Julio Castellanos Cambranes, Roberta Culbertson y Serena Cosgrave han ofrecido su sabiduría y han compartido sus experiencias mientras desarrollaba este libro. Agradezco a Raúl Figueroa

Sarti por su apoyo incondicional y su ejemplo de decir la verdad frente al poder. A Sergio Tischler por haber escrito el prólogo. A Mariela Rodríguez por la traducción del texto original al español, y a José Luis Perdomo por la revisión de la misma. Cualquier error es mi responsabilidad.

PRÓLOGO

Sergio Tischler Visquerra

No me gustan los prólogos excesivamente largos, a la manera de estudios especializados en el tema que el autor del libro prologado intenta exponer. Odio los prólogos que son como resúmenes de libros, y están escritos en clave de elogio formal al autor. Me parece que un prólogo (y esto es gusto personal) debería decir claramente por qué razones el libro merece ser leído. Es en esa clave que quiero hacer las siguientes anotaciones al libro de Victoria Sanford sobre la masacre en la población de Panzós, Alta Verapaz, en 1978, donde en pleno día fueron asesinados más de 100 indígenas por el Ejército, incluyendo mujeres y niños.

En primer lugar, el libro inscribe la historia de Panzós y la masacre en la larga duración de la historia guatemalteca. Sin embargo, eso no significa ubicar el hecho en un contexto y en un tiempo cronológico. Lo que hace la autora es analizar la larga duración de la historia del país como *continuum* de dominación, para decirlo siguiendo las tesis sobre filosofía de la historia de Walter Benjamin. En ese sentido, Victoria Sanford reconstruye la historia nacional a partir del eje local de Panzós. Nos habla del nexo ancestral de

13

la población q'eqchi' con la tierra, y cómo, desde la colonia, la relación entre el poder y la población indígena ha tenido un componente fundamental de violencia directa y despojo agrario. En ese sentido, es importante señalar que uno de los componentes fundamentales del estado nacional guatemalteco ha sido la política de construcción de una subalternidad campesina e indígena fundamentada en una mezcla perversa de servidumbre y de exclusión. Este rasgo es parte de la forma oligárquica del estado moderno guatemalteco.

Victoria Sanford ilustra el proceso de despojo agrario que sufrió la población indígena de la región con la reforma liberal de 1871, y cómo la reforma, que es un punto señero en la constitución del estado nacional guatemalteco, actualizó y reforzó la institución colonial de la servidumbre agraria. También señala cómo en el periodo de la revolución democrática (1944-1954) la población q'eqchi' de Alta Verapaz comenzó a tener participación en el gobierno municipal, particularmente en lo que se refiere a la realización de ciertos aspectos de la política de reforma agraria del gobierno de Jacobo Árbenz. Pero con la derrota de la revolución democrática, revolución que se puede considerar como ruptura temporal del *continuum* oligárquico de la dominación en Guatemala, la reforma agraria fue echada al cajón de la basura de la oligarquía y continuó el proceso de despojo agrario de la población indígena, el cual se agudizó en la década de los setenta. Sin embargo, la autora señala un rasgo muy importante en y en contra de esa historia como duración de la forma finquera del poder nacional. Es la resistencia de la población. Desde tiempos ancestrales, señala, en la subjetividad de la elite se ha cultivado el miedo a la posibilidad de un levantamiento indígena. Pero en la década de los setenta, ese miedo se hizo más agudo debido a la creciente organización de la población indígena y el despliegue de la lucha por la tierra. De tal suerte, que la historia nacional como historia del poder oligárquico, con todos sus reflejos e instituciones, se va a dar cita en Panzós el 29 de mayo de 1978, para contener a los desobedientes, es decir, a aquellos que, con sus luchas, desafiaban la condición de subalternidad determinada por el poder. El imperativo para el estado y la elite era restablecer la malla mental y operativa de la subalternidad en la población, ya que se había erosionado por las luchas campesinas e indígenas. Para ello, desde su lógica, era necesaria la violencia implacable del estado, el terror.

En ese sentido, el estudio de Sanford es muy importante, porque permite analizar cómo en Panzós se condensó violentamente la historia del país, como historia del poder y de las luchas contra ese poder; algo que se daría en una escala enormemente mayor durante la política de "tierra arrasada", en los ochenta.

Otro aspecto del trabajo que me gustaría destacar, es el relacionado con el discurso oficial sobre la masacre y las estructuras de representación que expresa. A partir de entrevistas a jefes militares, periodistas y pobladores, así como de datos hemerográficos, la autora reconstruye la masacre de Panzós como "metáfora". El aspecto más contundente de ese enfoque es la presentación de un imaginario distorsionado y pervertido en las elites y el Ejército. "Dentro de la estructura ideacional del estado de seguridad nacional guatemalteco –escribe–, aquellas personas victimizadas

por el Ejército son responsables de su propia
victimización." La autora proporciona un material
muy valioso al respecto. En primer lugar, reconstruye
la versión oficial de los hechos, y la contrasta con la
de las víctimas y la de periodistas. Por ejemplo, en la
versión oficial hubo 37 muertos, mientras que los
pobladores hablan de 100 muertos, incluyendo mujeres
y niños, así como de 600 personas que tuvieron que
huir a la montaña. Pero lo más importante del análisis
que proporciona la autora, no es la burda tergiversación
oficial de los hechos, sino "la estructura ideacional",
para decirlo con sus palabras, que se encuentra al
interior de las declaraciones de altos funcionarios del
Ejército y las elites guatemaltecas. De tal suerte, que
la masacre de Panzós se presenta como metáfora que
permite visualizar las formas represivas y racistas
internalizadas como *doxa* o sentido común en la cultura
dominante. Entre otras cosas, esa perspectiva analítica
permite establecer cómo un hecho abominable, como
la masacre, no obedece nada más a factores coyunturales
y a cuestiones de manejo de una situación de conflicto,
sino a una trama más profunda, de larga duración: al
continuum de la historia nacional como historia donde
las formas de dominación han tenido un carácter
abiertamente represivo, particularmente respecto a
la población campesina e indígena. Es una cuestión
que queda suficientemente clara en las declaraciones
oficiales y en las entrevistas a altos funcionarios del
Ejército. La idea que se repite tiene la misma estructura:
fueron los indígenas los culpables de los hechos y el
Ejército actuó en legítima defensa para restablecer el
orden. Una idea absurda, pero perfectamente "racional"
dentro de la cultura represiva. A lo cual, se agrega la
carga paternalista y racista de la explicación: los

indígenas fueron usados por gente del Ejército Guerrillero de los Pobres, porque ellos son gente pacífica que por su propia cuenta no puede llevar a cabo un acto de protesta como el que tuvo lugar en Panzós momentos antes de la masacre. De tal suerte, que para que la población campesina e indígena se manifestara era necesario un agente externo: la guerrilla, Fidel Castro, o instigadores extranjeros. Tomando en cuenta la historia de despojo agrario a los campesinos, así como la resistencia de estos al despojo, es absurdo pensar en un campesinado sin historia propia; por el contrario, lo más razonable sería pensarlo como sujeto surgido del antagonismo y de la lucha. Pero la *doxa* o el sentido común de las elites implica un modelo de subalternidad donde los campesinos e indígenas son representados como gente sin capacidad de comportamiento racional, por lo que para que su existencia sea menos mala necesitan obedecer el mandato de los patrones finqueros y de las instituciones estatales. Cualquier protesta, cualquier lucha por su derechos, será calificada como irracional en dicho horizonte conceptual. Con lo cual, se justifica cualquier acto de barbarie contra ellos. La exploración de ese tipo de subjetividad, constitutiva de la realidad nacional, es uno de los aportes más importantes del libro.

En el tercer capítulo, la autora nos proporciona un nivel diferente de reconstrucción de los hechos. Basándose en entrevistas a las viudas, documentos oficiales de archivos municipales, y los datos proporcionados por la exhumación de un cementerio clandestino, Sanford nos presenta una reconstrucción de la masacre de Panzós que desmiente la historia oficial y profundiza sobre los hechos. Uno de los aspectos más importantes que el estudio presenta es la del terror selectivo después de la masacre. Al respecto, se presentan testimonios de los secuestros y asesinatos perpetrados por el Ejército contra los pobladores de la zona. Quizás, sin embargo, la cuestión más significativa de este capítulo es el trabajo que la autora desarrolla sobre la memoria. Por un lado, Sanford hace una labor de recuperación de la memoria sobre la masacre teniendo por centro la voz de las mujeres; mujeres que hablan del inmenso dolor por el asesinato de esposos, hijos, padres, y compañeras. Ellas describen los hechos como los vivieron y, al mismo tiempo, nos comunican cómo la masacre y la represión selectiva que le siguió ha dejado una huella terrible de dolor y destrucción en sus vidas. Sin embargo, la autora presenta otro nivel de la memoria. El mismo acto de verbalizar el dolor e identificar a los responsables, aparece como un acto fundamental de dignidad y de lucha contra el olvido de los hechos ocurridos. Esto es muy importante, entre otras cosas, porque la masacre en tanto acto represivo del estado guatemalteco no sólo estaba dirigida a golpear y eliminar físicamente a los indígenas insubordinados, sino a la reproducción de un orden mental basado en el miedo y en la creencia de que el terror del amo siempre tiene justificación. De tal manera, que los testimonios de esas mujeres significan un desafío a ese orden mental, y al tipo de subalternidad que implica. La dignidad, en este caso, se sobrepone al miedo. Y eso permite una reapropiación colectiva de la historia en abierto desafío a la cultura del terror; esto es, permite la producción de una memoria desde la dignidad del "aquí y ahora". La recuperación de esa clave en las voces de las mujeres le da al estudio un carácter muy especial, porque el dolor humano es transformado en lucha, en dignidad. Es un dolor que sale del abismo hacia la luz. El YO NO TENGO MIEDO de una de las oradoras en la ceremonia de re-entierro de los restos de las víctimas encontrados en un cementerio clandestino de Panzós, es un profundo desafío a la trama perversa de dominación, donde el terror ha sido una constante.

Por las razones señaladas, y otras más que escapan a este breve escrito, el libro de Victoria Sanford es una contribución muy importante al esclarecimiento de la masacre ocurrida en Panzós, y al estudio de la violencia política como parte constitutiva del estado nacional guatemalteco. Pero, por otro lado, es un trabajo que recupera la memoria de los sin voz como momento central de la lucha contra la impunidad. En ese sentido, es un esfuerzo muy significativo en la brega actual por eliminar las estructuras del poder que guardan en un núcleo duro las posibilidades del terrorismo estatal.

Puebla, México, abril de 2008.

Capítulo Uno
El despojo de tierras

"El maíz empobrece la tierra y no enriquece a ninguno. Ni al patrón ni al mediero. Sembrado para comer, es sagrado sustento del hombre que fue hecho de maíz. Sembrado por negocio, es hambre del hombre que fue hecho de maíz".

Miguel Ángel Asturias,
Hombres de maíz

Introducción

Durante mucho tiempo, los q'eqchi's de Panzós han sido devotos religiosos. Al igual que en otras comunidades mayas, la religión la heredan y dirigen los sacerdotes mayas y los principales –los respetados ancianos–. La religión de los q'eqchi's está basada en su relación con la tierra, que al igual que el maíz, es considerada sagrada. El valle del Polochic ha sido reconocido entre los q'eqchi's de Alta Verapaz por tener importantes líderes religiosos, cuyo poder estaba basado, principalmente, en la existencia de numerosos sitios sagrados. El sacerdote maya más anciano de todo el valle organizaba a los hombres más jóvenes para construir escondites secretos destinados para realizar los ritos religiosos. Estos ancianos:

PANZÓS Y SU UBICACIÓN NACIONAL Y REGIONAL

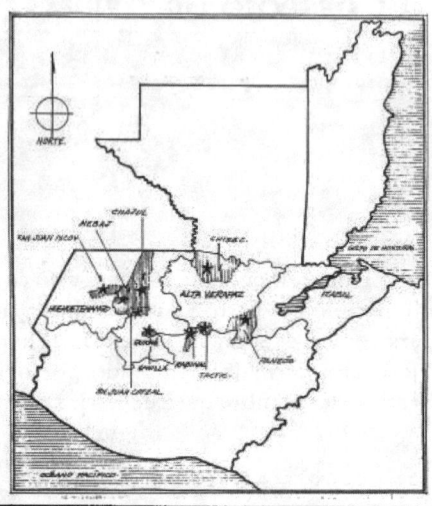

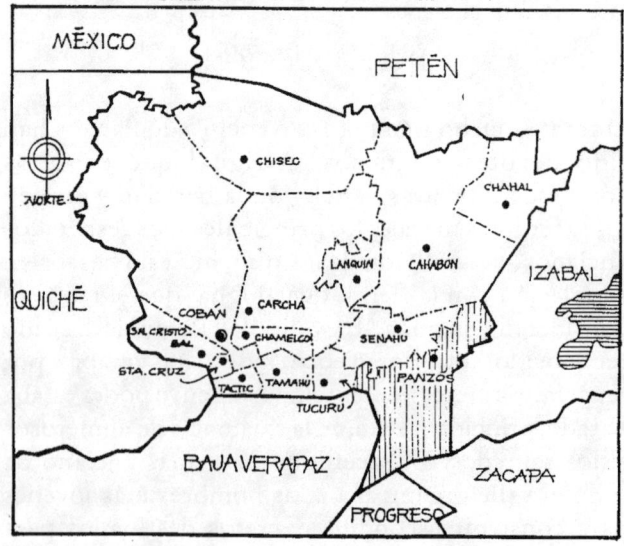

Fuente: CEIHS, 1979.

"Daban fe y testimonio de que las tierras nunca
han tenido dueño, y que las trabajaron desde hace años
y sus abuelos también... organizaban el trabajo. Ellos
conocían en qué fechas se podía sembrar, cosechar y
tener relaciones con sus esposas". (CEH, 1997b:
D039).

En estas reuniones religiosas, los ancianos decidían
qué tierras serían cultivadas, cuándo, cómo y por
quién. Tal decisión, aparentemente económica, era de
naturaleza religiosa y constituía un punto crítico en
la reproducción de las estructuras políticas, culturales
y económicas dentro de las comunidades q'eqchi's.
Las prácticas religiosas, así como las decisiones acerca
de la siembra, son parte de la cosmología q'eqchi', de
los ciclos vitales. La interrelación entre la siembra del
maíz y la fertilización de las mujeres refleja esta
cosmología. Cuando hablan acerca de la tierra, los
hombres q'eqchi's frecuentemente dicen: "Cuando yo
era niño, mi madre me daba su leche. Ahora que soy
un adulto, la tierra me da su leche." La cosecha, y
también el agua, las plantas y los animales silvestres
que la tierra produce constituyen "su leche". Al recordar
las reuniones religiosas en los escondites construidos
sobre el terreno sagrado, uno de los ancianos rememora
cuán trastornada quedó la comunidad cuando les
dijeron que la tierra que había sido sagrada por
generaciones no era de ellos:

"Ellos nos dijeron que la tierra ya no era nuestra,
entonces fuimos al INTA (Instituto Nacional para la
Transformación Agraria) porque toda la tierra nos la
quitaron y ya no dejaron nada de tierra. Nos dijeron
que esa tierra ya era hacienda". (CEH, 1997b: D231).

Aunque el anciano estuviese hablando exclusivamente de la pérdida de las tierras en los años setenta, podríamos decir que la historia de la tierra de los q'eqchi's de Panzós, al igual que la mayoría de mayas rurales, es una historia de despojos, expolios y usurpaciones.

La cosmología q'eqchi' demarca la propiedad de la tierra comunalmente y expresa este modo de propiedad a través de las prácticas religiosas. La propiedad comunal de la tierra es, además, reforzada por medio de otras prácticas culturales compartidas que incluyen sanciones de la comunidad para mantener la cohesión del grupo. Esta relación con la tierra no es particular de los q'eqchi's, sino que es representativa de la "visión dominante de los indígenas" centroamericanos acerca de que "la tierra es para la vida humana" (Williams, 1986: 120). En su exhaustiva investigación sobre la agricultura de exportación en Centroamérica, Robert Williams explica:

> "Para los campesinos, en última instancia, el derecho a la tierra no está definido a través de títulos legales, sino de acuerdo a si la tierra está siendo utilizada o no. Si los padres ven a sus niños desfalleciendo de hambre y hay tierra no cultivada en las inmediaciones, su deber –tanto para con su descendencia como para con Dios– consiste en dirigirse hacia la tierra y hacerla producir maíz. Una vez que la tierra ha sido puesta en uso, sin embargo, se considera una negación de la vida, un pecado, que alguien más venga y reclame su posesión." (120).

En marcado contraste, el estado guatemalteco, al igual que otros estados modelados sobre concepciones europeas de modernidad, demarca la propiedad de la tierra según concepciones occidentales de propiedad privada y la traduce en procesos burocráticos de titulación y mapeo, reforzados por sus fuerzas represivas. Tanto el estado como el proceso de titulación que lleva adelante representan los intereses de las elites. Williams caracteriza así la propiedad de las plantaciones por la elite:

> "En el pasado, los miembros de la familia contribuyeron a la construcción del país y, por esta razón, los títulos, más que el ingreso de dinero, ayudan, en el presente a definir la posición social relativa de una familia. En síntesis, desde la perspectiva de la elite los títulos significan no sólo una buena vida, sino también herencia familiar, seguridad social, bienestar nacional y civilización." (119).

1.
CÓMO SE REALIZÓ
EL MAPEO DE PANZÓS

Panzós aparece por primera vez en los documentos legales en el Decreto N° 43, del 9 de septiembre de 1871, el cual definía las divisiones territoriales para las futuras elecciones de la Asamblea Constituyente. En ese decreto, Panzós es uno de los varios asentamientos incluidos en el área más grande de Izabal –o Distrito 35–. Hacia 1889, Panzós era un puerto fluvial (CEIHS, 1979: 24). Para comprender qué fue lo que colocó a Panzós en el mapa se le debe ver como parte de las transformaciones que tuvieron lugar en las Verapaces a fines del siglo XIX. En su notable trabajo sobre las luchas por la tierra en Guatemala, Julio Castellanos Cambranes señala que a fines del siglo XIX, tres cuartos de los 8,686 km² que componían Alta Verapaz estaban concentrados en manos de terratenientes alemanes –la mayoría de los cuales eran primera o segunda generación de inmigrantes–. En Alta Verapaz, la apropiación de la tierra, y de los hombres, por los alemanes dueños de grandes latifundios fue tan excesiva que un líder político local declaró: "Los campesinos desaparecían de sus pueblos de la noche a la mañana huyendo de los finqueros" (Castellanos Cambranes, 2004: 213).

Hacia 1860, los cafetaleros controlaban, local y regionalmente, el gobierno de los departamentos en los cuales estaban localizados, y usaban el poder local para incidir en el gobierno nacional: "Pero cuando los liberales llegaron al poder en 1871, los cafetaleros lograron tener, finalmente, un estado para ellos" (Williams, 1994: 56). Williams no es el único en afirmarlo. David McCreery identificó el crecimiento significativo del poder del estado como una marca característica de los políticos guatemaltecos del siglo XIX; un crecimiento que fue acelerado por "las reformas liberales posteriores a 1871, vinculadas al cultivo del café" (1994: 96). Muchos académicos están de acuerdo en que las reformas liberales llevadas a cabo a fines del siglo XIX en toda América Latina tuvieron costos especialmente altos para las comunidades campesinas (McCreery, 1992; Williams, 1986, 1992; Handy, 1984; Castellanos Cambranes, 1992). En sus trabajos sobre Guatemala, tanto McCreery (1992) como Williams (1986) señalan que las comunidades mayas de las tierras altas occidentales y Alta Verapaz, especialmente, fueron duramente golpeadas por la penetración del estado en sus tierras. El régimen liberal, en colusión con los terratenientes, privatizó grandes áreas de tierras mayas. McCreery describe este proceso como una situación que ha "invadido y subsumido a las tierras mayas", dañando "la autonomía política y económica de la población rural" (96).

La privatización de las tierras mayas fue aún más complicada y destructiva para los mayas que una simple expropiación. Hasta 1877, las tierras municipales alrededor de los pueblos fueron denominadas legalmente "censo enfitéutico", cuyo uso fue, en general, determinado comunalmente por los mayas del lugar y, por lo tanto, comprendidas y utilizadas como tierras comunales. En 1877, el presidente Justo Rufino Barrios (1873-1885) promulgó el Decreto 170, que eliminaba todos los arriendos de la tierra colocándola bajo la jurisdicción del gobierno nacional (en lugar del gobierno municipal). Además, declaró que el gobierno daba la opción de compra –de acuerdo con el valor de la nueva tasa de mercado– de aquellas tierras arrendadas –ahora llamadas tierras nacionales– para recibir títulos privados. Si las personas que arrendaban las tierras no las compraban (o no podían comprarlas), cualquier individuo podía hacerlo. El Decreto 170 (Redención de Censos) de 1877 permitió a los inmigrantes alemanes comprar en subastas públicas propiedades que hasta ese momento habían sido tierras comunales de las comunidades q'eqchi's y poqomchíes de Alta Verapaz (Castellanos Cambranes, 1992: 316). Al comienzo del siglo XX, en poco más de 25 años, los mayas habían perdido la mitad de sus tierras comunales (Lovell, 1985: 33).

Más allá del despojo de la tierra, estas reformas marcaron de un modo indeleble tanto a la organización de las comunidades mayas como al estado nación mismo. Además de capital y de tierra, la producción de café también requiere de mano de obra: "la tierra sin trabajo no tiene valor" (McCreery, 1976: 442). En

Guatemala, las relaciones de producción desarrolladas fueron el resultado de la conjunción entre una formación económica sustentada en la producción de café, las instituciones del estado y la cultura política preexistente. De acuerdo con Williams, la razón principal por la cual los militares se volvieron tan omnipresentes en Guatemala, El Salvador y Nicaragua fue la "lucha por la incorporación de tierra y mano de obra indígena" a las economías cafetaleras exportadoras. Antes de iniciar sus erosivas reformas, Barrios también fortaleció la capacidad militar y entrenó a las fuerzas armadas guatemaltecas (244). Esta escalada militar en tiempos de paz, no fue la preparación para una guerra externa: fue, en realidad, el modo de asegurar la capacidad del estado para proteger los cambios vertiginosos respecto de la tenencia de la tierra. De este modo:

> "Desde el periodo liberal hasta el presente, las elites guatemaltecas y las elites del gobierno han vivido con temor a un levantamiento indígena general" (Williams, 1994: 121).

Una de las características más sobresalientes del gobierno liberal fue su agresiva campaña para alentar la inmigración europea en Guatemala. Los alemanes –reconocidos en el siglo XIX por sus avances en las ciencias naturales– fueron especialmente deseables. Desesperado por "el atascamiento de la sangre y la propensión natural a la indolencia de los *ladinos* y de la población indígena guatemalteca", Barrios buscó, a través de la inmigración europea, "atraer una fuerza de trabajo ejemplar", la cual, a su vez, "maximizaría la benéfica influencia de la laboriosidad y moralidad superior de los extranjeros sobre la población indígena" (Handy, 1984: 65-66). McCreery sugiere que esta campaña fue diseñada para "blanquear a las clases bajas", porque "los liberales querían una transformación radical en lo étnico pero no en la estructura social" (1976: 452).

Ya en 1860, cuando los cafetaleros de Alta Verapaz comenzaron a usurpar las tierras de los q'eqchi's y poqomchíes en Cobán, San Pedro Carchá, Tactic y Tucurú, los dueños de las plantaciones de café se quejaron de la escasez de la mano de obra, a pesar de las grandes poblaciones q'eqchi's y poqomchíes en el área. En lugar de tomar un trabajo con salario mal pagado, los mayas, en cambio, se mudaron a otras tierras fértiles no aptas para el café (pero sí para el maíz) o cultivaron su propio café en las tierras sobrantes. Aún antes del régimen de Barrios, las fuerzas de seguridad regionales y locales habían respondido a las quejas de los cafetaleros. En esa época, la cosecha de café en Alta Verapaz era transportada por *cargadores* (personas mayas que llevan la carga en sus espaldas, pero sostenida con la frente) desde las plantaciones hasta las tierras bajas de Panzós. Como el puerto era pequeño, el café era cargado en botes a remo que los q'eqchi's llevaban hasta Livingston para ser transferido a buques comerciales con destino a Estados Unidos o Alemania. Para transportar el café desde las plantaciones hasta Panzós, los cargadores tenían que cruzar el río Polochic caminando, sin contar con un puente. Es decir, los dueños de los cafetales de Alta Verapaz necesitaban mano de obra para la producción y el transporte así como para la infraestructura del transporte mismo. Las autoridades de Alta Verapaz respondieron a ambas necesidades. Fue tanta la presión sobre el gobierno nacional que, en 1860, las autoridades locales y regionales implementaron planes de trabajo para las comunidades mayas, que obligaban a las personas a trabajar en las plantaciones de café. El Decreto 170, el acta de Redención de Censos de 1877, permitía a los alemanes comprar en subasta pública propiedades que, hasta ese momento, habían sido mantenidas como tierras comunales por los q'eqchi's y poqomchíes de Alta Verapaz (Castellanos Cambranes, 1992: 316).

En otras regiones cafetaleras, los gobiernos locales apoyaron a los propietarios de los cafetales forzando trabajo de servidumbre en las plantaciones (113-116). Estas prácticas fueron luego institucionalizadas por el gobierno de Barrios, que en 1876 garantizó a las autoridades locales, por primera vez, contar con el poder para forzar contratos de trabajo y reclutar entre 50 y 100 trabajadores de cualquier asentamiento. Hacia 1877, Barrios promulgó el Decreto 177 que delineaba las obligaciones de los "trabajadores" –trabajadores significa en este contexto mayas rurales–. Tenían que llevar libretas (pases de trabajo) todo el tiempo. Toda deuda con los empleadores se registraba en ellas. Se les pidió a estos últimos que registraran semanalmente créditos y débitos de los trabajadores. Inclusive sin deuda, los trabajadores debían procurar un permiso escrito del administrador de la finca antes de que les fuera permitido buscar trabajo en otra plantación. Cualquier trabajador (léase cualquier persona maya) que no tuviera una libreta o un contrato de deuda podría ser víctima de la aplicación de los *mandamientos*, una reminiscencia de la estructura colonial para el trabajo forzoso.

2.
LOS BENEFICIOS DEL PODER

Cuando Justo Rufino Barrios asumió la dirección del estado guatemalteco en 1873, poseía una plantación de café, de mediano tamaño, en San Marcos. Durante los seis años de su gobierno régimen, Barrios procuró para sí importantes propiedades cafetaleras y otros latifundios, incluyendo la finca "El Porvenir", que con más de un millón de plantas de café era en 1890 la plantación cafetalera más grande de Guatemala. Los parientes de Barrios y sus cómplices militares retuvieron para sí otras grandes plantaciones. Significativamente, el general Manuel Lisandro Barillas, cuya familia llegó a reunir latifundios que sumaban más de un 1.7 millones de plantas, se convirtió en el presidente de Guatemala en 1885 (1992: 168-169). Como Williams advierte, uno necesita una pausa antes de concluir que esos resultados están: "Basados en las motivaciones de los individuos, partidos políticos y militares que tomaron las riendas del poder..." En cambio, él sugiere una exploración de las: "Relaciones entre las instituciones políticas y las estructuras agrícolas, columna vertebral de la economía centroamericana" (4). En su análisis del periodo liberal en Guatemala, David McCreery concluye:

"La propagación de cultivos de café en Guatemala generó cambios estructurales fundamentales, no porque representara una transición hacia el nuevo modo de producción capitalista, sino porque descansó sobre una coerción extraeconómica que actualmente continúa caracterizando a las relaciones patrón-asalariado guatemaltecas. En otras palabras, la expansión de la producción del café en Guatemala fue la primera instancia de penetración de la agricultura comercial en la fibra de la sociedad indígena." (1976: 459).

Debido a que nos hemos trasladado desde lo nacional a lo local, desde la situación generalizada de la agricultura guatemalteca al caso específico de Panzós, resulta crítico tener en mente las relaciones transformadoras observadas por Williams y por McCreery. Aunque los actores locales de Panzós tal vez hayan sido movilizados por sus circunstancias individuales, sus roles fueron definidos, inevitablemente, por este conjunto de relaciones más que por sus personalidades particulares. En otras palabras, aunque cada comunidad maya en Guatemala pueda tener una historia diferente, única y particular respecto de la tierra, tales historias están contenidas en la maquinaria de una economía exportadora más amplia y en las relaciones entre el estado y los mayas.

3.
LOS INMIGRANTES ALEMANES
Y LA PRODUCCIÓN DE CAFÉ

Fue tan sólo un año después de la culminación de la construcción del puente de hierro sobre el río Polochic en 1888, cuando Panzós apareció por primera vez en los mapas nacionales como un puerto fluvial. En 1899, el cambio implicó la concentración de la tenencia de la tierra en las manos de unos pocos y el despojo de los q'eqchí's y de los poqomchíes de su fuente de subsistencia. Transformó la economía local, de una producción comunal para el autoconsumo, en una agroexportadora, que fue posible gracias al robo de tierras a los mayas y de la explotación de su fuerza de trabajo. En 1890, los inmigrantes poseían el 25% de las grandes fincas cafetaleras de Guatemala. Este mismo año, la finca "El Porvenir", de Barrios, fue vendida por su viuda a una compañía alemana. En tanto que los alemanes de la ola de inmigrantes de mitad del siglo XIX adquirieron tierras y construyeron sus propios cafetales, los de la segunda ola tuvieron mayor acceso al capital alemán y una estrategia de inversión mucho más sofisticada que los transformó en los actores más importantes de la industria cafetalera exportadora de Guatemala. Estos alemanes ingresaron al negocio del café importando maquinaria, proveyendo préstamos a los cultivadores y exportando el café hacia Alemania. De este modo, no corrían el riesgo financiero inherente a la preparación de la tierra, sembrado y cuidado del cultivo de café durante los cinco años que le toma producir la primera cosecha. Más bien, esos inversionistas estaban listos para comprar las plantaciones ya existentes cuando sus dueños tuvieran dificultades económicas. Al adquirir cafetales en funcionamiento por mucho menos de su valor, podían invertir recursos adicionales para incrementar los niveles de producción de esas empresas preexistentes:

"Alrededor de 1900, los alemanes habían adquirido 465,000 acres solamente en Alta Verapaz; o cerca de una tercera parte del área total de tierra del departamento donde producían entre el sesenta y setenta por ciento del café". (Williams, 1994: 169-170).

Aunque durante la reforma liberal los cafetales se desarrollaron gracias a la adquisición de tierras estatales y a través de ventas apoyadas en la fuerza

militar, desde 1890 hasta la I Guerra Mundial la
mayoría de estas adquisiciones fueron hechas legalmente
en el mercado. La mayor parte de tales compras se
hicieron con capitales de los descendientes de alemanes;
así, alrededor de 1913, éstos tenían 170 plantaciones
cafetaleras que producían el 36% del café en Guatemala
(Williams, 1994: 170).

A fines del siglo XIX, los mayores importadores
de café y de banano guatemalteco eran Estados Unidos
y Alemania. No resulta sorprendente, entonces, que
los grandes terratenientes invirtieran casi toda la
ganancia de sus exportaciones en estos países. Alrededor
de 1910, las empresas alemanas y norteamericanas
involucradas en el mercado de exportación agrícola
guatemalteco comenzaron a tener conflictos entre sí,
tanto dentro de Guatemala como en el mercado
internacional. En Guatemala, estos conflictos tomaron
la forma de disputas entre alemanes y norteamericanos
quienes discutían, a su vez, con el estado guatemalteco
sobre:

> "Privilegios territoriales y aduanales, el control
> político y militar del aparato estatal y la hegemonía
> económica en el país; es decir, todas las instituciones
> políticas y económicas puestas al servicio del capital
> extranjero". (Castellanos Cambranes, 1992: 341).

Además, como señala Williams, el estado invocó
sus antiguos privilegios tomando para sí las propiedades
de los alemanes nacionales durante la II Guerra
Mundial (1994: 174). Esta expropiación reflejaba no
sólo la presión de Estados Unidos sobre el gobierno
guatemalteco sino también los intereses económicos
de las elites que intentaban reclamar tierras vendidas
a los alemanes. Muchas de estas tierras, sin embargo,

fueron devueltas a sus dueños al terminar la guerra.
Así, comenzó otro período de crecimiento para los
terratenientes alemanes.

4.
TRABAJO FORZADO POR DECRETO

A comienzos del siglo XX, la ideología acerca de la
supuesta inferioridad maya aún persistía en la cultura
dominante entre los ladinos, quienes continuaban
siendo excluidos de la sociedad criolla. Piero Gleijeses
explica:

> "Era raro encontrar ladinos, cualquiera fuera su
> estatus, que no sintieran desprecio por los indígenas.
> Desprecio y miedo. Algún día los indígenas podrían
> levantarse en una ciega y destructiva furia, nadie podría
> adivinar lo que acechaba detrás de la sonrisa de un
> subordinado, de su conducta domesticada de silencio.
> La raza aborigen era 'cobarde, triste, fanática y cruel',
> estaba más cerca de las bestias, que de los hombres",
> se lamentaba un joven intelectual guatemalteco en
> 1927. 'Para los indígenas sólo hay una única ley: el
> látigo'." (Gleijeses, 1991: 12).

El dictador Jorge Ubico (1931-1944) tenía de sí
mismo una imagen paternalista, cercana a la de la
realeza. En el documental *Los diablos no sueñan* hay un
fragmento en donde Ubico está saliendo de su enorme
sedán negro, como si fuera un dibujo animado, en la
Plaza Central de Nebaj, en las montañas Cuchumatanes.
Al igual que el café transportado hacia el puerto de
Panzós, el único modo en que el sedán de Ubico pudo
llegar a Nebaj fue mediante el esfuerzo físico de la
mano de obra maya. En el fragmento del documental,

luego de que Ubico sale de su auto, saluda a la *Cofradía* maya, tocando la cabeza de los líderes religiosos. Ubico creía que los mayas debían ser reclutados por las fuerzas armadas guatemaltecas, donde serían entrenados para dejar atrás sus formas "primitivas". Como evidencia, él afirmaba que cuando los mayas entraban a las fuerzas armadas, eran: "Groseros, brutales y con orígenes primitivos, pero salían con ciertos aprendizajes, pulidos, con buenas maneras y en condiciones de enfrentar la vida" (Handy: 1984: 99).

Ubico promulgó el Decreto 1995 que abolía las deudas por trabajo personal y prohibía a los finqueros el pago en efectivo, y por adelantado, a los trabajadores de la plantación. Además, el decreto preveía un período de dos años para que los trabajadores cancelaran las deudas registradas en sus libretas. Después de dos años cualquier deuda remanente sería legalmente invalidada y anulada. "En efecto, al costo de lo que en gran parte eran meras deudas de papel, los productores exportadores recibían dos años de trabajo gratis" (McCreery, 1983: 757). Conjuntamente con el Decreto 1995, Ubico redefinió el término vagancia promulgando el Decreto 1996, que establecía:

> "Cualquier individuo indígena o ladino que no practicara una profesión reconocida, o tuviera un trabajo o ingreso adecuado o no cultivara una estipulada o relativamente amplia cantidad de tierra tenía que trabajar de acuerdo a su condición entre 100 y 150 días por año en tareas agrícolas" (757).

En esencia, obligando a los ya desplazados pobres rurales a aportar mano de obra gratuita, Ubico decretó el libre acceso a la mano de obra, como un derecho de los grandes terratenientes. Cincuenta años después, los ancianos mayas de las comunidades rurales a

menudo se refieren a este período como "el tiempo
de Ubico". En varias comunidades, las personas
mayores compararon el trabajo forzado de las patrullas
civiles con los cien días anuales de trabajo forzado
bajo el régimen de Ubico. La elite terrateniente alemana
continuó consolidando su poder y expandiendo su
control sobre el mercado durante su régimen. Todavía
en 1933, antes de la promulgación de las leyes de
vagancia de 1934, de los ocho productores de café
más importantes de Guatemala, cinco de ellos eran
alemanes (Williams, 170). Fue también durante este
período que los dictadores represivos de toda
Centroamérica desarrollaron relaciones políticas e
ideológicas con los partidos falangistas de Europa
(254). Estas afinidades con el fascismo tuvieron su
costo. Efectivamente, como Castellanos Cambranes
ha observado: "El ascenso del nazismo al poder en
Alemania significó el principio del fin de la hegemonía
económica de los alemanes en Guatemala" (2004:
227).

> "La historia de Guatemala antes de 1944 es casi
> similar a la de la mayoría de los países latinoamericanos:
> la historia de negras dictaduras y de la explotación de
> sus pueblos por intereses propios y extranjeros"
> (Menjívar, 1969: 117).

Durante la II Guerra Mundial, Estados Unidos
presionó a los dictadores centroamericanos para
expropiar a los alemanes poseedores de tierras y
deportar a los sospechosos de simpatizar con los nazis;
incluso algunos alemanes fueron deportados a campos
de concentración en Carolina del Norte y Texas (Handy,
1984: 97). Como resultado, los dictadores de la época
perdieron el monopolio del poder y fueron derrocados

en todos los países centroamericanos, con excepción de Nicaragua, donde la dinastía de Somoza continuó hasta 1979. Ubico fue derrocado en 1944, el mismo año en que los terratenientes alemanes fueron expropiados. Por otra parte, el cambio en el régimen de tenencia de la tierra: "Desencadenó una década revolucionaria de luchas laborales y redistribución de la tierra que fue mucho más allá de las intenciones originales de los diseñadores norteamericanos de políticas" (255). Esta década es recordada en Guatemala como la Primavera Democrática.

5.
LA PRIMAVERA DEMOCRÁTICA EN PANZÓS

La Primavera Democrática fue un intento de revolución capitalista diseñada para romper las relaciones feudales que definían la economía agroexportadora. El gobierno buscó integrar a todos los guatemaltecos, tanto a los nacionalistas como a los democráticos, incluyendo a los mayas, en una nueva economía capitalista moderna. La Primavera Democrática (1944-1954), iniciada con la Revolución de Octubre de 1944, dejó su marca en Panzós. Un abogado internacional de derechos humanos anotó que los efectos del período democrático en Panzós son un "paréntesis en un sistema basado en la acumulación de la tierra y la explotación". Este "paréntesis" puede ser considerado como la lente histórica principal a través de la cual los mayas recuerdan y expresan su pasado y afirman sus derechos a la tierra. Además, permite a quienes están fuera comprender mejor la experiencia q'eqchi' y la memoria colectiva de las luchas por la tierra en Panzós. El 26 de noviembre de 1944, se registró en el Libro de Actas de la Municipalidad de Panzós:

> "El alcalde está en el deseo de colaborar en la mejor forma posible con el actual gobierno, quien ha asegurado libertad absoluta, democracia y que se respetarán los derechos de todos, garantizando la seguridad que a cada ciudadano corresponde. Hizo ver a los habitantes del astillero (indígenas) que desde hoy y adelante gozarán del amparo que merecen por parte de las autoridades y que tampoco serán molestados para trabajos gratuitos particulares... indicaron (los indígenas) que con anterioridad eran molestados en toda forma, no los dejaban dedicarse a sus labores agrícolas y llamados para trabajos sin ser remunerados, pero jamás pudieron alegar sus derechos como ciudadanos conscientes, debido a su ignorancia e indigencia, miseria en que han estado por mucho tiempo". (Libro de Actas de Panzós, Nº 3, 1944: 83-87).

Con la aplicación de la reforma agraria en 1952, instituida por el presidente democráticamente electo, Jacobo Árbenz, por primera vez los q'eqchi's y los poqomchíes de Panzós participaron en la toma de decisiones en el nivel municipal. Se formaron comités agrarios locales que incluyeron campesinos indígenas en los puestos de dirección. Estos campesinos, al igual que otros campesinos mayas en todo el país, experimentaron un cambio significativo y memorable tanto en el espacio público como en la acción política. Mientras que previamente habían sido llamados por las autoridades para realizar tareas ordenadas por los terratenientes locales y la municipalidad, sin ninguna remuneración y bajo amenaza de castigo, mediante el Decreto 900 —Ley de Reforma Agraria—, estos mismos

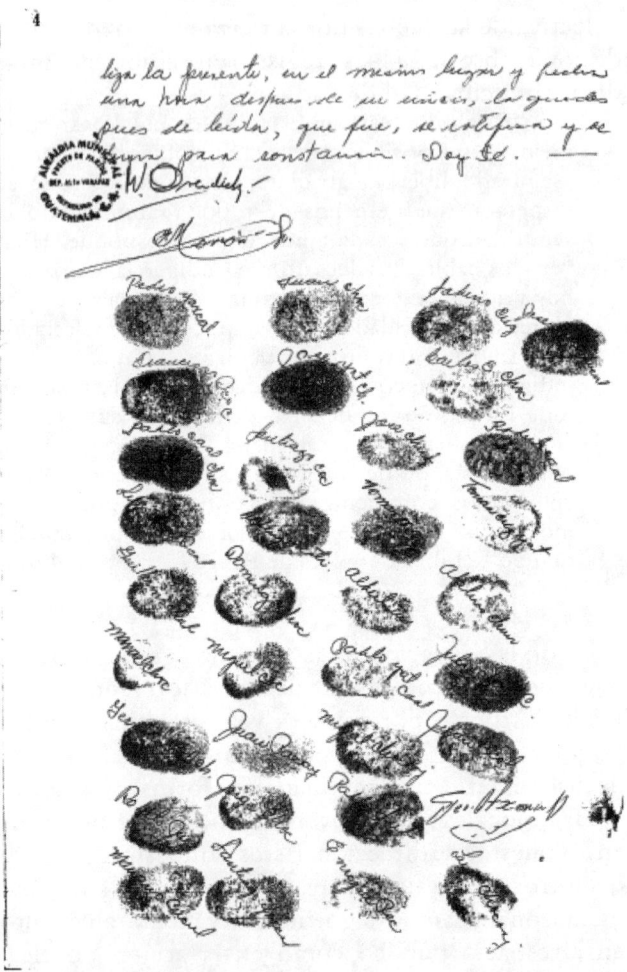

Huellas digitales de los campesinos de Panzós en el acta de la reunión celebrada en la municipalidad el 3 de mayo de 1978 en la cual solicitaron la adjudicación de las tierras que: "... han venido cultivando en las márgenes del río Polochic...".

Firmas de los terratenientes que asistieron el 5 de julio de 1978 a la reunión convocada por el alcalde municipal de Panzós para "... platicar sobre los problemas agrarios del Polochic; ya que como todos están enterados el 29 de mayo recién pasado surgió en esta población una tragedia, y todo esto deribado (sic) de los problemas agrarios...".

campesinos indígenas formaban, ahora, una parte del Consejo Municipal adjudicando tierras comunales, expropiadas y del estado a las comunidades indígenas (Libro de Actas de Panzós, N° 4, 1944: 87). Una significativa movilización campesina en Panzós promovió expropiaciones sancionadas por el estado, cercanas a las 51 caballerías de tierra. Para los q'eqchi's, esto fue una reapropiación de la tierra que les correspondía legítimamente. Esta tierra había sido poseída por ellos comunalmente antes de ser expropiada y subastada en 1877, a favor de los grandes terratenientes. Ahora, bajo el Decreto 900, la tierra era expropiada nuevamente, pero esta vez, devuelta a las comunidades q'eqchi's de Panzós, en lugar de ser subastadas por el estado. Las tierras sujetas a expropiación fueron las que estaban abandonadas y/o en barbecho.

Tanto la redistribución de las tierras a favor de las comunidades q'eqchi's como el fin del trabajo forzado eran recordados por los ancianos y pasaron a ser parte de la tradición oral de la comunidad. Mientras que para un analista externo esto podría ser visto como un "paréntesis", quienes experimentaron sus beneficios lo recuerdan especialmente, y lo ven como un modelo de cómo podría lucir un mundo mejor. En 1996, un anciano de Panzós recordaba:

> "En la época de Jacobo nos dieron tierra con café. De la municipalidad daban aviso para formar los comités, y nosotros los nombramos según si hablaban un poquito de español" (CEH, 1997b: D231).

Estos líderes hispanoparlantes eran también los intermediarios culturales de sus comunidades, compuestas básicamente por hablantes mayas monolingües. El analfabetismo en el país alcanzaba más del 72% en 1950, dándole a Guatemala la *distinción* de tener una de las tasas de analfabetismo más altas de América. Sin embargo, en las comunidades mayas rurales, el promedio de la tasa de analfabetismo era del 93% (Menjívar, 1969: 125).

6.
LA CONTRARREVOLUCIÓN EN PANZÓS

La reforma agraria no sobrevivió a la contrarrevolución de Castillo Armas y Estados Unidos (véase Cullather, 1999). El espacio político creado por los diez años de la Primavera Democrática y la participación indígena en ese proceso político todavía son rememorados, así como lo es su subsiguiente eliminación, "Cuando murió Jacobo". Recuerda un anciano de Panzós:

"... nos vinieron a traer. El alcalde nos mandó a llamar y nos dijo que ya no trabajáramos como antes (durante el gobierno de Árbenz). Ahí terminó nuestro trabajo en los comités y comenzó nuestro trabajo en las haciendas". (CEH, 1997b: D231).

Vale la pena anotar que, para este anciano, el derrocamiento de Árbenz es recordado como su muerte.

Flavio Monzón fue nombrado alcalde de Panzós el primero de julio de 1954, a pocos días del golpe. En el Libro de Actas del mismo día de su toma de posesión, se registró:

"Los miembros de la nueva corporación municipal hacen constar que, como es del dominio público la remoción de varios de los miembros de la corporación municipal anterior, la cual se llevó a cabo en virtud que se comprobó por las brigadas anticomunistas que

estos militaban en el partido comunista y ocupaban
puestos claves para el desenvolvimiento de sus
actividades como lo son los siguientes: el señor Dn.
Gilberto Ovalle de la Cruz, Alcalde Municipal, inscrito
en el partido comunista PGT, ocupaba además los
puestos de secretario general de la unión campesina
y presidente del comité agrario de Telemán". (Libro
de Actas de Panzós, N° 4, 1954: 233).

Quince días más tarde, el Libro de Actas registró
que tanto el secretario municipal anterior como el
tesorero habían sido encarcelados por las Brigadas
Anticomunistas (Libro de Actas de Panzós, N° 4,
1954: 238).

Los registros municipales muestran que desde la
época en la que fue nombrado alcalde –durante la
contrarrevolución– hasta los años setenta, Monzón
continuó ocupando la posición de autoridad en el
gobierno municipal (Libros de Actas de Panzós, 1946-
1996). En esas décadas usó el poder de su despacho,
al igual que lo hicieran otros mandatarios del gobierno,
para consolidar su poder local y expandir las tierras
bajo su propiedad. También estableció el patrón de
llamar a los líderes militares locales para apoyar la
consolidación de su poder en nombre del anticomu-
nismo y utilizó el despacho del alcalde para robar
tierras municipales y comunales, así como para forzar
a los q'eqchi's del lugar a proveer mano de obra
gratuita.

A pesar de que en 1930, diversos procedimientos
legales de carácter administrativo local habían autorizado al gobierno municipal a proveerle a los "vecinos
pobres" acceso al margen de los ríos para cultivar
maíz (Libro de Actas de Panzós, N° 3, 1946: 115),
Monzón "arrendó" tales tierras a los q'eqchi's a quienes,

desposeídos de la tierra una vez más, les permitió cultivar maíz únicamente a cambio de trabajar gratis para él una semana cada mes.[1] Monzón también utilizó el poder de su oficina para transferir tierras municipales a su nombre; tierras que en el siglo XIX –antes de ser usurpadas en 1877 por los grandes terratenientes– habían sido comunales, y que en 1952 –bajo el gobierno de Árbenz– fueron redistribuidas para, finalmente, ser tomadas una vez más por la contrarrevolución de 1954. Poco a poco, las escasas tierras comunales restantes que bordeaban las propiedades adquiridas recientemente por Monzón se transformaron en tierras de "arriendo". De este modo, Monzón no sólo obligaba a los q'eqchi's a trabajar una semana gratis en sus fincas cada mes, a cambio del "privilegio" de usar las tierras municipales, sino que también cargaba a los q'eqchi's con una semana de trabajo gratis por el "privilegio" de utilizar sus propias tierras. Aquellos que no cumplieron con estas obligaciones fueron encarcelados (Libro de Actas de Panzós, N° 3, 1946: 115-129; N° 4, 1954: 251).

Monzón fue tan lejos en su afán "anticomunista" que hizo que las autoridades municipales firmaran una carta en la que se solicitaba "un guardia militar para el resguardo del puerto" y se pedía que:

"El coronel Castillo Armas, jefe del ejército de liberación nacional que terminó con el comunismo descarado que había en Guatemala, debe de continuar su obra hasta la erradicación total del comunismo en el suelo patrio, es conveniente pedir a la honorable Asamblea Nacional Constituyente que le fije un periodo

---

1. La ribera es la ubicación menos deseable para cultivar, porque con sólo un gran aguacero, el río crece, inundando y destruyendo la cosecha.

presidencial no menor de 6 años tiempo suficiente para el objeto deseado". (Libro de Actas de Panzós, N° 4, 1954: 251).

Para explicar la necesidad de una guardia militar y de la dictadura de Castillo Armas, la carta continuaba:

> "Pues actualmente hay en Guatemala comunistas agrupados aún con la esperanza de que vuelva la bestia roja a regir los destinos de la patria y es el coronel Castillo Armas el único indicado para impedirlo ya que sufrió en carne propia las torturas comunistas y sabe lo que le costó el triunfo de la liberación nacional".

(Libro de Actas de Panzós, N° 4, 1954: 251).

Antes de que comenzara la Primavera Democrática en 1944, el salario por jornada de trabajo en Panzós era de cinco centavos diarios. En la época en que Árbenz arribó al poder en 1952, "ya nos pagaban 60 centavos y si trabajábamos en la carretera nos pagaban un quetzal", recordaba un anciano de Panzós (CEH, 1997b: D231).

Luego de la caída del gobierno de Árbenz, los trabajadores que recibían un salario por su trabajo, recibían sólo 15 quince centavos (CEH, 1997b: 4) –75% menos de lo que habían ganado sólo unos pocos años antes–.

Cuando los ancianos de Panzós compartieron estas historias conmigo, la historia familiar y comunitaria había sido y continuaba siendo transmitida de abuelos a nietos en la tradición inmemorial de la historia oral. Así, a pesar de la contrarrevolución y de "La Violencia", la historia de la Primavera Democrática no ha sido olvidada, como tampoco lo han sido la reforma agraria y los comités agrarios locales de la

época en la que Árbenz era presidente. Mientras que
la memoria urbana del derrocamiento tiende a
focalizarse en la pérdida de los derechos civiles y
políticos, tales como el derecho de los partidos de
oposición a la legalidad y la represión selectiva en
contra de las organizaciones populares y de los líderes
de los partidos opositores, para la memoria rural, la
contrarrevolución es otro momento en un *continuum*
histórico de despojo de la tierra y diferentes formas
de endeudamiento del peonaje. La violencia de la
contrarrevolución es recordada en las historias que
narran cómo Monzón manipulaba la política local y
nacional para su beneficio personal a un alto costo
para los q'eqchi's de Panzós. Nadie olvida a quién
pertenecía la tierra, ni cómo les fue quitada durante
el siglo XX. Aunque Monzón era el principal beneficiario
de la usurpación de las tierras de los q'eqchi's en
Panzós, éstos saben que ha sido y continúa siendo el
gobierno nacional el que le permitió a Monzón poseer
las tierras, así como saben que fue el gobierno de
Árbenz el que puso las tierras en sus manos durante
la reforma agraria.

7.
TRES DÉCADAS DE CONCENTRACIÓN
DE LA TIERRA EN PANZÓS

Los cuadros 1 y 2 reflejan la alta concentración de la
tierra en latifundios en Guatemala. En 1950 74,169
microfincas ocupaban sólo 40,822 manzanas del total
de la superficie en fincas –que era de 5,315,475
manzanas–. Esto significa que la familia promedio
de una microfinca tenía apenas un poco más de media

manzana (0.55) para vivir, criar animales y cultivar suficientes alimentos para la familia. Por otra parte, las poco más de 74 mil microfincas (21.3% del total de fincas) ocupaban menos del 1% (0.0077) de la superficie total de la tierra en fincas. Esto contrasta

Cuadro 1
GUATEMALA: DISTRIBUCIÓN DE LA CANTIDAD
DE FINCAS SEGÚN TIPO DE FINCA, 1950-1979
(Cantidad de fincas según tipo)

Tipo de finca	1950	1964	1979
Microfamiliar	74,169	85,083	166,726
Subfamiliar	233,804	279,796	301,735
Familiar	33,041	43,656	49,509
Multifamiliar mediana	7,057	8,420	13,177
Multifamiliar grande	516	389	482
Total	348,587	417,344	531,629

Fuentes: Paz Cárcamo, 1986a, 1986b; Oehler, 1971; García Añoveros, 1987.

Cuadro 2
DISTRIBUCIÓN DE LA SUPERFICIE EN FINCAS,
SEGÚN TIPO DE FINCA, 1950-1979
(Manzanas)

Tipo de finca	1950	1964	1979
Microfamiliar	40,822	46,683	79,094
Subfamiliar	720,794	869,933	890,323
Familiar	715,472	928,674	1,115,773
Multifamiliar mediana	1,667,903	1,801,168	2,596,394
Multifamiliar grande	2,170,484	1,280,308	1,290,217
Total	5,315,475	4,926,766	5,971,801

Fuentes: Paz Cárcamo, 1986a, 1986b; Oehler, 1971; García Añoveros, 1987.

con las 516 grandes fincas (que representaban el
0.0015% o casi una dosmilava parte (1/2000) de todas
las fincas) que poseían 2,170,484 manzanas repre-
sentando más de un 40% del total de la tierra. Así,
mientras que más de un 20% de las fincas poseían
menos de un 1% de la tierra, más del 40% de la tierra
era poseída por un poco más de una dosmilava parte
(1/2000) de fincas: las 74,169 microfincas podrían
ser contenidas en sólo 10 de las grandes fincas (cuyo
promedio es de 4,206 manzanas por finca), incluso,
dejando en esas 10 fincas espacio para unas 2,250
microfincas más. En otros términos: el promedio de
extensión de las microfincas era el equivalente a 2/3
del tamaño de una cancha de futbol olímpico; en tanto
que con una gran finca podría dotarse de poco más
de 15 canchas de futbol a cada uno de los 325 municipios
de Guatemala.

Al combinar las dos categorías de fincas más
pequeñas y las dos más grandes, se ofrece una síntesis
de la distribución de la tierra en 1950. Tenemos
entonces tres categorías de fincas: pequeñas, medianas
y grandes. El resultado, en 1979, era el siguiente: el
88% de fincas tenían el 16% de la tierra, mientras que
el 2% de las fincas (las más grandes) concentraban
el 65% de la superficie agrícola. Las fincas medianas
(que podrían considerarse como familiares) eran el
9% y tenían el 18% de la superficie (cuadro 3); aún
más ilustrativa resulta la gráfica 1.

Un estudio nutricional del año 1977 encontró que
los niños de las familias que cultivaban en una superficie
de tierra de 1.9 manzanas –o menos– presentaban
una tasa de desnutrición moderada del 38%. En las
granjas con cinco manzanas, la misma tasa de
desnutrición descendía a un 17% (Durham, 1979: 98).

Cuadro 3
SÍNTESIS DE LA DISTRIBUCIÓN
DE LA TIERRA EN GUATEMALA
(Miles de fincas y miles de manzanas)

	Número de fincas			Superficie en fincas		
	1950	1964	1979	1950	1964	1979
Micro-subfamiliar	308.0	364.9	468.5	761.6	916.6	969.4
Familiar	33.0	43.7	49.5	715.5	928.7	1,115.8
Multifamiliares	7.6	8.8	13.7	3,838.4	3,081.5	3,886.6

Durham demuestra las relaciones entre la distribución de la tierra y la mortalidad infantil: haciendo eco de los hallazgos de Valverde en Guatemala, encontró que había poca diferencia en la tasa de mortalidad infantil entre aquellos que no tenían tierras y compartían la cosecha (entre quienes alcanzaba al 25.5%) y las

Gráfica 1
DISTRIBUCIÓN DE LA TIERRA, 1979
(Porcentajes de fincas y de la superficie
según tamaño de fincas)

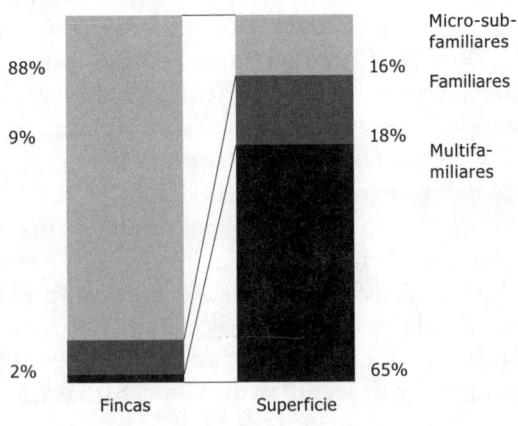

familias que tenían de 0.001 a 1.31 manzanas (el
tamaño de las microfincas en el cuadro 1), entre quienes llegaba al 24.5%. En cambio, la tasa de mortalidad
infantil entre las familias que cultivaban en una
superficie de tierra de 1.31 a 4.9 manzanas era cercana
a la mitad, es decir, de un 12.7%. Por lo tanto, la
diferencia entre 0.55 manzanas y 2.3 manzanas por
familia es la posibilidad de supervivencia de los
niños.

Todavía quedan por hacer algunas observaciones
sobre los datos de 1964 y 1979 presentados en los
cuadros. Sin duda, el incremento en el número de
microfincas y la superficie de la tierra desde 1950
hasta 1964 y 1979 representa tanto el incremento de
la población como la creación de más microfincas
debido a la subdivisión de las parcelas familiares para
los hijos y sus familias.

El incremento de la superficie de las microfincas
1979, podría también estar reflejando las nuevas comunidades de microfincas creadas por los proyectos de
colonización en Petén e Ixcán. Sin embargo, a pesar
del incremento en la superficie de la tierra, el promedio
de las microfincas había caído a menos de la mitad
de una manzana hacia 1979 —menos que en 1950—.
En 1979, las fincas más grandes representaban el 2.5%
del número total y poseían el 65% de la tierra, lo cual
representaba una caída del 7% respecto al año 1950
y un aumento del 3% respecto a 1964. He elegido
focalizar mi análisis en los datos de la distribución
de la tierra de 1950 presentado en los cuadros por dos
razones: para —dentro del contexto de este capítulo—
permanecer en la historia de la distribución de la tierra
y porque hay muy poco cambio respecto de la tenencia
a lo largo de estas tres décadas. Se debe tener presente

el estancamiento socioeconómico de los mayas rurales entre las décadas del cincuenta y del setenta para comprender no sólo su lucha diaria por la supervivencia, sino también los esfuerzos para mejorar sus propias vidas y las de sus comunidades −con o sin la asistencia externa−.

8.
LA GUERRILLA EN EL
VALLE DEL POLOCHIC

Hoy día, el municipio de Panzós incluye tanto al pueblo de Panzós como a las comunidades de Cahaboncito, Telemán, La Tinta y 43 pequeñas aldeas. Panzós, junto con los municipios Tamahú, Tucurú y Senahú conforman lo que es conocido como el valle del Polochic −el cual todavía es significativamente fértil−.

Lo que comenzó en noviembre de 1960 como una rebelión de algunos oficiales de las fuerzas armadas insatisfechos con la corrupción del régimen de Ydígoras Fuentes (1958-1963) y con su apoyo al plan norteamericano de usar el territorio guatemalteco para invadir Cuba, se transformó, luego, en la primera guerrilla organizada de Guatemala −las Fuerzas Armadas Rebeldes (FAR)−. Debido a que el número de oficiales rebeldes menguó después del fracaso del levantamiento militar, algunos de ellos, incluyendo a Marco Antonio Yon Sosa y a Luis Augusto Turcios, se reagruparon en la base militar de Zacapa, al este de Guatemala, y a partir de ahí establecieron su base guerrillera en la Sierra de las Minas, al sur de Panzós. El Ejército guatemalteco estableció un destacamento militar en

Panzós a comienzos de los años sesenta, ostensiblemente para combatir a la guerrilla. La presencia del
Ejército ayudó a Monzón y a otros grandes terratenientes
en sus esfuerzos para controlar y explotar a los
campesinos q'eqchi's.

En el borrador del reporte sobre el valle del
Polochic, la CEH documenta su importancia estratégica
para las FAR. La primera presencia de las FAR reportada
en Panzós data de 1963 cuando usaron el puerto para
cruzar la Sierra de las Minas, transportar armas y abrir
"el trabajo organizativo clandestino en Panzós y el
Estor" (CEH, 1997a: 4). Un anciano de Panzós reportó
a un investigador de la CEH que él había escuchado
hablar al comandante de las FAR, Yon Sosa, en la
comunidad de Boca Ancha. Treinta y tres años después
de haber escuchado a Yon Sosa, el anciano recordaba
que su discurso era sobre: "La falta de oportunidades,
de una reforma agraria y de la dignidad" (CEH, 1997a:
4).

Es posible que Yon Sosa haya hablado de dignidad,
reforma y oportunidades, en 1963 o en 1964, en una
reunión de la comunidad de Boca Ancha. La importancia de los recuerdos del anciano no recae tanto en el
contenido exacto del discurso de Yon Sosa, ni siquiera
en si éste dio, o no, tal discurso. La importancia de
su memoria se debe a que Yon Sosa –y por extensión
las FAR de aquella época– es recordado hablando de
la injusticia, las condiciones del trabajo, del robo de
tierras, de la explotación y la falta de oportunidades.
Los campesinos mayas se alistaron en las FAR en los
años sesenta, porque este discurso resonó en sus
experiencias con los grandes terratenientes. Durante
el primer año de la organización en el valle del Polochic,

concretamente en octubre de 1964, el Frente Guerrillero
Edgar Ibarra ocupó las cercanías de la finca Tinaja.
Luego de tomar las armas y un tractor de la finca,
entraron en Panzós, atacaron el destacamento militar,
tomaron las armas de los soldados y convocaron a
una reunión pública en la plaza.

Un comerciante ladino del lugar recordaba la ocupación de las FAR en 1964. Los comandantes entraron
al despacho del alcalde y le ordenaron que los llevara
a la farmacia:

> "El teniente Turcios, y el grupo que él comandaba,
> de 15 hombres... vinieron aquí a la casa, me tocó el
> Alcalde y le fui a abrir, entró el comandante Turcios,
> fuimos compañeros, verdad, de tropas, y ellos compra-
> ron algunas cosas, medicinas, latas y todo eso. Después
> hicieron como un mitin aquí en el parque y se fueron...
> Al otro día como a las cinco por la tarde se presentó
> el Ejército, venían de Zacapa. Entonces a mí me
> vinieron a interrogar. Los soldados tomaron el dinero
> que la guerrilla les había pagado para 'prevenir asaltos'
> y me llevaron al destacamento y allí estuve encerrado
> y allí vi a los muertos... estaban los soldados tirados."
> (Testimonio Panzós M-1, 11 de septiembre, 1997).

El acta del 16 de octubre de 1964 reporta la muerte
de tres soldados como consecuencia de un ataque de
las Fuerzas Armadas Rebeldes (Libro de Actas de
Panzós Vol. 18, 1964: 432-444). Un antiguo alcalde
me relató, lleno de satisfacción, cómo la guerrilla
había entrado en su oficina y había destruido una foto
de Castillo Armas, y se extendió explicando que la
guerrilla no quería matar a los soldados, que esos tres
soldados habían muerto porque habían abierto fuego
contra la guerrilla.

9.
LA CONCENTRACIÓN DEL PODER LOCAL

En 1964, Flavio Monzón fue nombrado una vez más alcalde de Panzós. Enrique Lemus, quien trabajó algunas veces como abogado de Monzón, ha sido implicado junto a éste en diferentes despojos de tierra. Entre las áreas de Panzós particularmente disputadas están las aldeas Soledad, Cahaboncito, La Playa y San Vicente. Mientras Monzón era alcalde, Enrique Lemus llegó a Cahaboncito con algunos agrimensores que comenzaron a medir la tierra. Don Miguel recuerda:

> "El problema que surgió en Cahaboncito es éste: que midieron las tierras y decían que eran de un finquero; bueno pero la gente ya empezó a trabajar siempre la tierra; pero dijeron que ya había que pagarle renta, pagaban, y de repente empezaron que querían comprar la tierra, como era una tierra bastante productiva. Y dispusieron empezar a pagarle al supuesto dueño, y de repente dejaron de pagar así, y cuando llegaron a saber es de que la tierra no tiene dueño, sino que el que lo estaba vendiendo (para la renta) era este licenciado Enrique Lemus." (Panzós, Testimonio Nº 2, 2 de octubre de 1997).

Aunque los campesinos pensaban que estaban comprando la tierra a su dueño, realmente Cahaboncito era todavía tierra municipal dejada aparte para uso agrícola comunal de los q'eqchi's. Los residentes de Cahaboncito se dirigieron al alcalde Monzón para quejarse:

> "El alcalde dijo: –¡Ah! Bueno, muchá, vengan el lunes, –como sabía que la gente es pobre. –Está bueno –venían el lunes que cuatro, que cinco. –Vaya, no, muchá, vengan el jueves –venían el jueves y... –No,

muchá, mejor que vengan el otro lunes. –Hasta que los cansaban. No hacían nada." (Panzós, Testimonio N° 2, 2 de octubre de 1997).

Al mismo tiempo, se les requería a los hombres q'eqchi's que aportaran a la municipalidad, gratuitamente, una semana de trabajo cada mes:

"Como aquí tenían esa costumbre, de que usaban 24 hombres semanalmente para hacer trabajos municipales, supuestamente, pero, no hacían nada, sino que se quedaban 2 ó 3 nada más, y tenían que ir a chinear al hijo del Alcalde, que tenían que ir a limpiar el sitio de no sé quién... Así, y el resto se iba a trabajar al terreno de Flavio Monzón. Así, de regalado, no les pagaba nada." (Panzós, Testimonio N° 2, 2 de octubre de 1997).

Algunos meses después del incidente de Lemus en Cahaboncito, Flavio Monzón llegó para tener una reunión con los residentes. Utilizando ostensiblemente su despacho de alcalde ofreció ayudarles a resolver el problema de legalización de la propiedad. Don Miguel explica:

"El señor alcalde (Monzón) llegó allí y dijo que era dueño y bueno lo dejaron allí (trabajando). Y de repente, a los diítas, como era alcalde llamó a la gente, a la población, yo ya estaba un poquito grande, por eso me recuerdo bien, cuando reunió a la gente y dijo: –Vamos a hacer una cosa, la tierra que ustedes trabajan temporalmente es una tierra bastante fértil, pero no se sabe de quién es la tierra, vamos a ir a Guatemala. –Sí, decía la gente. –Firmen aquí. –Y todos firmaban (sus huellas)." (Panzós, Testimonio N° 2, 2 de octubre de 1997).

Dos meses después, Monzón llamó a la gente a otra reunión en Cahaboncito. Don Miguel recuerda con ira:

"Él empezó la reunión diciendo: —Aquí está el documento muchá, vean esto, los abogados son tan buenos, pero también babosean, fíjense que aquí dice esto, esto, y esto y ahora dice que el dueño de la tierra soy yo, y no son ustedes, verdad, no son ustedes, el terreno salió a mi nombre, pero, eso no importa, no es un problema, como yo soy el alcalde voy a estar con ustedes, si acaso serían unas dos o tres manzanitas por ahí, el resto trabajan ustedes, y yo voy a ser alcalde y patrón de ustedes." (Panzós, Testimonio N° 2, 2 de octubre de 1997).

Otro líder q'eqchi' aportó un testimonio similar a la Comisión para el Esclarecimiento Histórico:

"Mientras que el alcalde, Flavio Monzón, reunió a la población y sacó las firmas de los ancianos para ir a pedir las tierras al INTA. El INTA les dio las tierras. Él volvió y reunió a la gente y dijo que, por equivocación del INTA y de sus abogados, la tierra salió a su nombre. Nuestros padres fueron desalojados por los mismos vecinos que estaban en la municipalidad. Por aquí surgió el problema." (CEH, 1997b: D039).

Otro anciano entrevistado por la CEH, que había firmado la petición de Monzón, explicó que la comunidad no estaba de acuerdo con el resultado y envió un representante al INTA esperando tener devueltas las tierras:

"Pancho Choc volvió a decir al INTA que esta tierra era de nosotros y no de la hacienda. Nos dijeron que si la queremos, tenemos que pagar y como nosotros pedimos nuestra tierra, Don Flavio (Monzón) llamó a los soldados." (CEH, 1997b: D231).

Estos cambios en la propiedad afectaron a los q'eqchi's del valle del Polochic profundamente. La CEH señala que el ejercicio cada vez más autoritario del poder munieipal, tanto por parte del alcalde como por sus colaboradores, resquebrajaron la autoridad que les quedaba a los ancianos q'eqchi's: "Antes ocupamos las tierras como nos indican los ancianos. Después, ocupamos las tierras como nos dice el alcalde." (CEH, 1997b: D231).

Un anciano ladino, cuya familia había apoyado a las FAR en los años sesenta, y que había roto relaciones con el Ejército, para su propia supervivencia, recordaba que:

"Muchos finqueros trataron de no sembrar sino hacer potreros, y eso vino a hacer más desplazamiento. Los campesinos se pelearon con don Flavio Monzón las tierras que eran San Vicente y la Playa." (Panzós, Testimonio M-1, 11 de septiembre de 1997).

Al final, Monzón cedió vender la tierra a los campesinos a través del INTA distribuyendo la tierra en parcelas. Y, como recuerda el anciano, esta venta fue dura para la comunidad:

"Pero eso provocó también muchos secuestros, verdad, de los cabecillas, porque mientras llegaba al proceso de que el INTA midiera, y que el gobierno accediera a vender, había pugna entre los finqueros, y se valían del Ejército, verdad, principalmente estos tipos, estos G-2, que eran los más indicados para la represión, secuestraron, mataron, y era el proceso de cambio que se estaba dando de las tierras." (Panzós, Testimonio M-1, 11 de septiembre de 1997).

Otro de los súbitos cambios en la tenencia de la tierra, la migración y la producción fue precipitado por la empresa Exploraciones y Explotaciones Mineras

de Izabal (EXMIBAL). La EXMIBAL, una filial de
International Nickel, comenzó a realizar exploraciones
a mediados de los años cincuenta. La EXMIBAL, con
base en el acuerdo con el gobierno guatemalteco para
la extracción de minerales, recibió grandes extensiones
de tierra para efectuar sus operaciones –las tierras
comunales que, antes del arribo de EXMIBAL, habían
sido cultivadas colectivamente (CEIHS, 1979: 20).
Hacia 1973, la EXMIBAL había adquirido tierras
alrededor del lago de Izabal, incluyendo el departamento
de Alta Verapaz, al precio de $250 millones (Williams,
1986: 140). De este modo, los q'eqchi's, cultivadores
de maíz, fueron luego desplazados. La EXMIBAL incluía
extensas propiedades para la extracción y el procesamiento del níquel. La planta procesadora localizada
a orillas del lago de Izabal, a sólo unos pocos kilómetros
al oeste de El Estor, atrajo a muchos campesinos de
la región para buscar empleo. Cerca de la planta, la
EXMIBAL estableció un modesto, pero decente, complejo residencial para los trabajadores, que incluía
pequeñas parcelas de tierra para cultivar maíz. La
extracción y las operaciones de procesamiento se
llevaron a cabo durante varios años antes de que la
planta fuera cerrada sin dar explicación. La EXMIBAL
retuvo la propiedad de la tierra, de la planta procesadora
y del complejo residencial, que actualmente está en
ruinas. En 1998, en las afueras de la cercada y oxidada
planta había un gran estanque de líquido amarillo
verdoso que podía ser visto desde el camino hacia El
Estor. El complejo residencial para los trabajadores,
cercado con una reja, estaba vacío y en ruinas, siendo
cubierto lentamente por la vegetación tropical del
área. Los campesinos del lugar aprovecharon la ausencia

de la EXMIBAL para cultivar la tierra que previamente había sido cultivada por los trabajadores.

10.
DERECHO A LA TIERRA
Y ORGANIZACIÓN

Hacia 1974, esforzándose por proteger sus tierras y representar sus intereses colectivos frente al INTA, los campesinos se habían auto-organizado en varios grupos comunales, incluyendo la Cooperativa de Polochic, el Comité para el Mejoramiento de la Tierra, y el Comité para las Tierras de San Vicente y La Playa, entre otros (CEH, 1997a: 5). La Federación Autónoma Sindical de Guatemala (FASGUA) asesoró legalmente a los campesinos para organizarse en defensa de su derecho a la tierra, principalmente en Cahaboncito. La FASGUA era una organización sindical que mantenía lazos con el Partido Guatemalteco del Trabajo (PGT). El Comité de Unidad Campesina (CUC) también se organizó en Panzós. Algunos comités se organizaron y recibieron consejos del grupo de ancianos que tenían reuniones en la casa de Mamá Maquín.[2]

Hacia 1977, la mayoría de los campesinos de Panzós estaban organizados en comités y recibían

---

2. Mamá Maquín era una abuela, líder comunal, muy respetada. Hablaba español y había organizado su comunidad en la lucha sin tregua por la tierra. Entre las viudas y los más de 200 sobrevivientes de la masacre de Panzós entrevistados para el informe de la Fundación de Antropología Forense de Guatemala (FAFG) para la CEH, todos recordaban a Mamá Maquín como una verdadera lideresa comunitaria, defensora de los derechos a la tierra.

ayuda de dos organizaciones: FASGUA y de lo que posteriormente sería el CUC, el cual no fue anunciado formalmente como organización hasta el 1° de mayo de 1978, debido al miedo a las represalias en las comunidades en las que estaba organizado. En un momento, el alcalde y el juez de paz obligaron a los q'eqchi's a entregar a las autoridades sus carnets de membresía a la FASGUA; recolectaron, en total, ochenta carnets. La FASGUA reafirmó los derechos de los q'eqchi's de Panzós a través de la organización de comités y acciones legales compensatorias intentando recuperar la posesión legítima de las tierras ancestrales, haciendo uso del INTA.

Como mencioné anteriormente, los campesinos se habían organizado en comités agrarios locales durante la reforma agraria de Árbenz. Luego de su derrocamiento, los comités fueron disueltos y los líderes atacados. Tales comités, así como la organización de las FAR de los años sesenta, no eran recuerdos distantes para los q'eqchi's. Muchos de ellos, como por ejemplo Mamá Maquín, continuaron luchando por los derechos básicos y, especialmente, por el derecho a la tierra, aun después de la disolución de las FAR. El punto aquí es que los q'eqchi's de Panzós, al igual que la mayoría de los mayas rurales de todo el país, tienen una larga historia de toma de conciencia de su condición campesina, expresada a través de la organización y resistencia comunitaria, tanto abierta como clandestina. En el caso de Panzós, la participación de los q'eqchi's en los esfuerzos organizativos de la FASGUA, del CUC y de otros grupos con base urbana, refleja la apropiación de las iniciativas externas —e incluso el hecho de darles forma— para unirlas a las incesantes necesidades locales. Las demandas para reunirse con el alcalde y las marchas hacia la plaza del pueblo marcaron un cambio estratégico al mostrar más públicamente la organización y las demandas de la comunidad local. Éstas, iniciativas organizacionales de los q'eqchi's —aparentemente repentinas— preocuparon a los finqueros, que comenzaron a reunirse más regularmente con los oficiales del Ejército en la base militar de Cobán, la cabecera del departamento de Alta Verapaz. En esas reuniones, solicitaron la presencia del Ejército en Panzós para intimidar a los organizadores de los movimientos en defensa del derecho a la tierra y para proteger las tierras que los finqueros habían robado a la comunidad q'eqchi'. Aunque la mayoría de los finqueros tenía títulos legales de esas tierras, los mismos habían sido obtenidos mediante la corrupción, la confabulación y el fraude completo (CEH, 1997a: 5-8).

El 1 de mayo de 1978 fue la primera marcha nacional en la cual el CUC participó como organización. Un panfleto del CUC, distribuido en las comunidades rurales, invitaba a "todos los trabajadores del campo" a participar en una manifestación en la capital ese día. La marcha fue organizada por el Comité Nacional de Unidad Sindical (CNUS). "Por la verdadera unidad en la lucha de todos los trabajadores del campo" y "¡Por la unidad de todos los explotados de Guatemala!" fueron las consignas en los panfletos, que incluían dibujos de hombres y mujeres mayas (CUC panfleto 1 de mayo de 1978).

Ese 1 de mayo fue importante para el CUC:

> "Había llegado cuatro veces más gente de la que se tenía previsto; y el contingente del CUC fue impresionante y seguía por varias cuadras. Marcharon en cuatro filas cargando como megáfonos las bocinas de las iglesias de sus pueblos" (Arias, 1990: 250).

La presencia del CUC en la marcha, de acuerdo con el escritor y crítico social guatemalteco Arturo Arias:

> "Fue trascendental para la vida política del país. La presencia de las indígenas en las calles con su traje, con los eslóganes pintados en sus petates para dormir en lugar de sábanas, de inmediato surgió un gran aplauso y muchas 'Vivas' de los observadores. Trabajadores ladinos estaban gritando: '¡Vivan los campesinos! ¡Vivan los indígenas!'. El contingente indígena fue liderado por una fila de antorchas y por indígenas cargando sus machetes y azadones como símbolos de su trabajo rural". (Arias, 1990: 250).

Guatemala no estaba sola en el arrebato de los campesinos organizándose por el derecho a la tierra. En su trabajo sobre el área rural de Nicaragua, Jeffrey Gould da cuenta del crecimiento de la organización campesina y la toma de la tierra a través de la promulgación de derechos de los invasores. Bajo el régimen de Somoza, en 1978, los campesinos de Chinandega desafiaron a la Guardia Nacional al tomar las fincas en las cuales habían estado trabajando casi sin compensación por sus tareas. Aunque la Guardia Nacional nicaragüense recurrió a la violencia en sus intentos para remover a los ocupantes, no masacraron a los manifestantes y varios de ellos lograron la transferencia de los títulos de posesión (Gould, 1998).

Durante la tercera semana de mayo, hubo una reunión de finqueros con el alcalde, con el jefe de policía y con otros funcionarios municipales de Panzós. Uno de los funcionarios ladinos que participó de la reunión, recordó que "esa fue una reunión amistosa... de plano era un almuerzo, estaba cumpliendo años una señora y después surgió la plática, verdad, de que se llamara al Ejército" (Panzós, Testimonio 2, de 2 de octubre de 1997). La discusión terminó con el acuerdo de que los soldados se podían quedar en el salón municipal, al costado derecho de la plaza, enfrente del edificio de la municipalidad.

El 26 de mayo de 1978, 380 campesinos —que se habían reunido en San Vicente para plantar maíz en las tierras que están a lo largo de la orilla del río— fueron encontrados por Aníbal, José Roberto y Darío Monzón (los hijos de Flavio Monzón) acompañados por soldados del Ejército que llevaban armas pesadas. Respaldados por tales soldados, los hermanos Monzón amenazaron a los campesinos quemando una bandera roja mientras les apuntaban. Les dijeron que la bandera roja significaba sangre y que la sangre correría si los campesinos continuaban afirmando su derecho a la tierra. Dos días más tarde, el 28 de mayo, un pelotón armado ocupó el salón municipal de Panzós y pasó la noche allí (CEH, 1997a: 9).

Capítulo Dos
La historia oficial

"Las comunidades nómadas kekchíes fueron utilizadas políticamente como fuerzas de invasión por el Ejército Guerrillero de los Pobres (EGP)" ... "...los kekchíes no tienen tierras propias sino que son nómadas que deambulan por las montañas."

General Otto Spiegler,
ministro de la Defensa
(*El Imparcial*, 1 de junio
de 1978, p. 1).

"Castro es el autor intelectual de lo ocurrido... en las Verapaces... individuos extraños viajaban constantemente a Panzós llevando consigo cintas magnetofónicas en lengua kekchí, con el fin de adoctrinar a los campesinos".

General Kjell Laugerud García,
presidente de Guatemala
(*Impacto*, 1 de junio de 1978, p. 2).

El 30 de mayo de 1978 los guatemaltecos urbanos se enteraron por la prensa de los "eventos" en Panzós, pero no recibieron ninguna mención de una masacre. El día anterior, el 29 de mayo, muchas personas q'eqchi's fueron asesinadas y otras heridas, cuando soldados armados abrieron fuego sobre un gran grupo

de campesinos que se había juntado en la plaza de
Panzós para protestar por tierras.

1.
EL COMUNICADO
DE PRENSA DEL GOBIERNO

El 29 ó 30 de mayo, el secretario de Relaciones Públicas
de la Presidencia de la República de Guatemala distribuyó un comunicado de prensa a los medios de
comunicación. El diario *La Hora*, en su edición del
30 de mayo, lo reprodujo casi íntegramente, con la
excepción de que en vez de atribuírselo al secretario
de Relaciones Públicas de la Presidencia (tal como
había sido expuesto en el comunicado de prensa) se
lo atribuyó al Ejército. Aunque, por supuesto, ello no
constituyó realmente un error, ya que era virtualmente
imposible distinguir entre Ejército y Presidencia del
país. Los puntos principales cubiertos en dicho
comunicado fueron los siguientes:

"... La guarnición militar de la indicada población
fue efectivamente agredida por una multitud de
campesinos movilizados por elementos subversivos...
y que han creado en sectores indígenas una actitud de
hostilidad hacia el Ejército;"

"Los miembros de la guarnición militar actuaron
en legítima defensa ante la agresión, ya que ningún
destacamento puede ser objeto de ataque armado sin
resistir y sin defenderse;"

"La responsabilidad de estos hechos corresponde
a los dirigentes de organizaciones de extrema izquierda
que pretenden utilizar a los campesinos sin tierra como
instrumentos de su política, sin interesarles las
consecuencias de cualquier naturaleza incluyendo la
pérdida de valiosas vidas humanas;"

"El gobierno reprueba una vez más los procedimientos de violencia para resolver reales o supuestos
conflictos agrarios;" y

"(Programas del gobierno) han permitido entregar
millares de manzanas (de tierra) a campesinos
necesitados, quienes se han incorporado a las actividades
productivas". (Secretaría de Relaciones Públicas de la
Presidencia de la República: 1978).

El diario *La Hora* repitió la historia oficial reproduciendo el comunicado de prensa de las Fuerzas Armadas,
el cual incluía la misma información ofrecida en el
comunicado de prensa de la Presidencia, pero que
tenía algunas afirmaciones adicionales:

"1. Los campesinos del norte de la república han
sido instigados desde hace mucho tiempo por elementos
guerrilleros, para la invasión de terrenos y fincas de
propiedad particular;

2. En los departamentos de Huehuetenango, El
Quiché, Alta Verapaz, y otros de la región, han tratado
de efectuar invasiones que, por intervención de
miembros del Ejército que hablan las lenguas locales
se han evitado, logrando convencer a los campesinos
para que desistan de los propósitos que persiguen los
instigadores;

3. ...un grupo numeroso de gente armada llegó
sorpresivamente al destacamento militar del municipio
de Panzós, departamento de Alta Verapaz, atacando
a los centinelas, a quienes los hirieron de gravedad,
despojándolos de sus armas... personal militar repelió
el ataque para contener la violencia de los agresores,
recuperando las armas que les habían sido quitadas a
los centinelas;

4. El resultado lamentable de este acontecimiento
dejó como saldo trágico: 34 muertos y 17 heridos por
parte de los agresores y siete (7) soldados del destacamento gravemente heridos;

5. En el lugar de los hechos, fueron recogidas las armas y demás equipo que abandonaron los agresores." (30 de mayo de 1978, página 8).

Significativamente, el diario *La Hora* fue fundado por el periodista Clemente Marroquín Rojas durante la dictadura de Ubico (1931-1934). Marroquín Rojas se desempeñó como vicepresidente durante la presidencia de Julio César Méndez Montenegro (1966-1970). Antes de asumir el cargo, Marroquín Rojas y Méndez Montenegro firmaron un pacto con las Fuerzas Armadas guatemaltecas limitando seriamente el poder del Organismo Ejecutivo y confiando el poder supremo de las Fuerzas Armadas –especialmente en las campañas de contrainsurgencia, las cuales por definición caen bajo la exclusiva injerencia de las Fuerzas Armadas–. De este modo, el control civil de las éstas no existía ni en teoría ni en la práctica. El pacto incluía la aplicación estricta de artículos constitucionales prohibiendo el comunismo y apoyando la continuación de la campaña de contrainsurgencia de las Fuerzas Armadas que había comenzado a principios de los años sesenta (CEH, 1999b, 1:35). En 1978, Oscar Marroquín, hijo de Clemente Marroquín Rojas, dirige el diario *La Hora* manteniendo una postura ideológica de derecha.

La tercera página de la edición del *Diario de Centro América* del día 30 de mayo de 1978, reportó también lo ocurrido en Panzós en un artículo titulado: "Campesinos instigados por subversivos atacaron destacamento militar en Panzós". Reproduciendo palabra por palabra la misma propaganda de las Fuerzas Armadas que el artículo del diario *La Hora*, el *Diario de Centro América* ofrece este análisis adicional:

"Este es el triste resultado a lo que conducen las prédicas del elemento subversivo, que aprovechan la sencillez y buena voluntad del campesino, para conducirlos a hechos de sangre que enlutan a la familia guatemalteca y con los que tratan de justificar los actos de terrorismo, secuestros y siembran la intranquilidad entre la población que vive pacíficamente". (30 de mayo de 1978: 3).

El *Diario de Centro América* sería, quizás, mejor caracterizado como la voz derechista del oficialismo guatemalteco, ya que es el diario oficial del gobierno.

"El gobierno ratifica versión sobre los sucesos de Panzós" fue el encabezado del artículo del 31 de mayo de *La Nación* (1978: 7). Este artículo fue una reproducción palabra por palabra del comunicado de prensa del despacho presidencial resumido anteriormente, en el que la única diferencia era que mientras el diario *La Hora* y el *Diario de Centro América* hacían referencia a un comunicado de prensa de las Fuerzas Armadas, *La Nación*[1] atribuyó toda la información presentada en el artículo al comunicado de prensa del gobierno, incluso utilizando la frase "comunicado de

---

1. *La Nación* fue fundada en 1970 por el ya fallecido Roberto Girón Lemus. Entre 1976 y 1979, la perspectiva de la columna editorial y la cobertura de las noticias reflejaban una filosofía progresista. Un equipo de periodistas de investigación, muchos de ellos favorablemente inclinados hacia el movimiento popular, iban tras noticias que desafiaban directamente la omnipotencia de las Fuerzas Armadas. José León Castañeda, un periodista progresista de *La Nación*, fue secuestrado, torturado y luego encontrado muerto en la avenida más importante de la ciudad de Guatemala. *La Nación* cerró en 1979.

prensa" como un subtítulo para una de las secciones
del artículo. Además afirmaba: "Transcribimos a
continuación textualmente, el documento dado a
conocer por el Organismo Ejecutivo y que reza así:
..." (31 de mayo de 1978: 7).

El 31 de mayo, el *Diario de Centro América* publicó
un segundo artículo sobre Panzós –una reproducción
literal del mismo comunicado de prensa publicado
por *La Nación* el 30 de mayo–. El artículo aparece
bajo el nuevo subtítulo: "El gobierno realizó las
investigaciones pertinentes para esclarecer los hechos",
aunque la información no era nueva. Ya sea intencional
o accidentalmente, la implicación discursiva del
subtítulo, que el gobierno planteaba realizar una
"pertinente" investigación para "esclarecer los hechos",
implicaba que "los hechos" habían sido puestos en
duda. De esta manera, los lectores del *Diario de Centro
América* podían deducir, por lo menos, que la historia
de Panzós no podía ser tomada a la ligera y que
ameritaba una investigación.

La táctica utilizada por *La Nación* para reproducir
la propaganda del gobierno, pero reconociendo la
fuente, no fue necesariamente la única. En un país
donde los comunicados de prensa de las Fuerzas
Armadas y del presidente aparecían como noticias y
donde todos los periodistas, tanto los redactores como
los editores, más allá de su ideología (o más bien a
causa de ésta), se sentían "presionados" a cooperar
con el régimen militar, los profesionales de los medios
masivos de comunicación encontraban formas creativas
de comunicar a los lectores su complicada relación
con el gobierno.

El 30 de mayo de 1978 *El Gráfico*[2] reprodujo "textualmente" (según las palabras del periódico) el comunicado de prensa que había recibido del Servicio de Relaciones Públicas del Ejército, a altas horas de la noche del 29 de mayo. La comunicación textual de la versión de los "eventos" de Panzós dada por el Ejército es exactamente el mismo artículo que apareció el mismo día en el *Diario de Centro América*, cuya mayor parte aparece también en el diario *La Hora*. El punto aquí es que el comunicado de prensa oficial fue reproducido y presentado en los periódicos más importantes como noticias "objetivas" y los periódicos no tuvieron que identificar, necesariamente, el contexto de su producción y autoría, es decir, sin crítica, sin objeciones, sin fuente original, sin atribución. En un país en que el periodismo es una ocupación peligrosa, los diarios tienden a cooperar con los portavoces mi-

---

2. El diario *El Gráfico* fue fundado por Jorge Carpio Nicolle en 1968 como *El Gráfico Deportivo*, pequeño periódico deportivo semanal que creció y se convirtió en una publicación diaria importante. Entre 1973 y 1980, reflejaba una filosofía progresista abrazada por los columnistas Manuel José Arce, Fernando Arce Behrens y Mario Carpio Nicolle. En 1993, además de publicar *El Gráfico*, Jorge Carpio Nicolle era diputado y el líder del partido Unión del Centro Nacional (UCN), mayoritario en el congreso. En aquel momento, Carpio Nicolle fue visto ampliamente como el candidato con mayores posibilidades presidenciales. También fue un franco oponente de la amnistía para los perpetradores de violaciones contra los derechos humanos y utilizaba el poder de la mayoría partidaria en el congreso para retardar la aprobación de la legislación para la amnistía. El 3 de julio de 1993, fue asesinado junto con sus guardaespaldas en la Carretera Panamericana, a pocos kilómetros de la base principal del Ejército en el departamento de Quiché. El diario *El Gráfico* cerró en agosto de 1999.

litares. Un modo de cooperar consiste en reproducir los comunicados de prensa como si fueran noticias, otro modo consiste en contar un suceso e identificar una fuente para, de este modo, no trasladar la credibilidad del diario al contenido del relato. Un periodista que sobrevivió a La Violencia explica:

"Lo que pasa es que la censura y la corrupción vienen en varias formas. Había periodistas desaparecidos, editores asesinados. No necesitabas una amenaza de muerte para saber que a ti te tocaría pronto. Algunos periodistas huyeron del país, algunos dejaron de escribir y algunos dejaron de escribir sobre ciertos temas. Algunos cambiaron lo que escribieron. Otros cambiaron sus nombres y usaron seudónimos. También hubo editores que cambiaban lo que tú habías escrito para protegerte o protegerse a sí mismos o porque realmente estaban al lado del Ejército. Uno nunca sabe por seguro quién estaba con el Ejército. Muchos periodistas y editores trabajaron con el Ejército porque tenían miedo, porque estaban pagados, o porque realmente pensaban así. El gobierno censura, los propietarios censuran, los editores censuran. Así que la autocensura llega a ser una estrategia de sobrevivencia. Yo siempre pensaba: 'Solo escribiré un artículo más y luego ya'. Pero me di cuenta que si yo mismo me autocensuraba, yo podía seguir escribiendo con una seguridad relativa dado el tiempo. Todos hicimos esto. Por lo menos, los que estamos vivos y preparados para decir la verdad. Ahora, hoy día, no hay una censura oficial, pero nos falta mucho para quitar la autocensura que sigue." (Entrevista con la autora, ciudad Guatemala, 3 de junio de 1998).

2.
ANTROPOLOGÍA, MEDIOS DE COMUNICACIÓN MASIVA Y MEMORIA PÚBLICA

Los comunicados de prensa del gobierno publicados en periódicos nacionales como noticias y los nombres de los escritores autocensurados están entre el material de archivo que los investigadores encuentran cuando reconstruyen el pasado. Además, gran parte de la investigación está basada en los archivos del gobierno y de los periódicos que registran los hechos del día. En su trabajo histórico sobre los motines de indios, Severo Martínez Peláez señaló la necesidad de la perspicacia por parte del investigador cuando recurre a materiales de archivo para reconstruir el pasado porque "lo que no fue escrito por el represor, fue escrito para el represor" (1985: 12). Por lo tanto, los investigadores deben ser cautelosos respecto de los "hechos" tanto del pasado como del presente. En este capítulo, veremos los modos en que dichos "hechos" pueden haber sido presentados y así comprendidos por diversos sectores en conflicto, cada cual según su propio interés.

De este modo, al reconstruir la masacre de Panzós de mayo de 1978, he utilizado una metodología que incluye entrevistas y recolección de testimonios de las víctimas, sobrevivientes, oficiales militares, políticos y otros, pero también he incluido la revisión de archivos municipales y de la prensa escrita como un intento por comprender los diversos significados asumidos por diferentes sectores de la sociedad guatemalteca acerca de la masacre de Panzós. La meta de la reconstrucción de la información disponible sobre

Panzós en la ciudad de Guatemala es desentrañar la "zona de debate" (Mankekar, 1999); es decir, el espacio y los términos, o la falta de éstos, creados por los medios masivos de comunicación sobre un evento o tema específico para la discusión pública. En este caso, la zona de debate apunta a la información disponible para los ciudadanos urbanos guatemaltecos que intentan comprender lo que está pasando al interior de su país. Por supuesto, esta zona de debate, así como la información de que se dispone, contribuye a, pero no define completamente, la comprensión urbana porque la zona en sí misma es comprendida e interpretada a través de las diversas tendencias ideológicas de los lectores urbanos.

Acceder a los comunicados de prensa de la Secretaría de Relaciones Públicas de la Presidencia me dio la oportunidad de conocer la versión oficial del gobierno sin, o con, atribución de la fuente en las noticias sobre Panzós. El reconocimiento público que hizo *El Gráfico* de haber reproducido literalmente el comunicado de prensa del Ejército permite dar cuenta del modo en que este último producía y reproducía su publicidad, más allá de las atribuciones, en forma de noticia. Así mismo, el franco reconocimiento del periodista guatemalteco arriba citado acerca de las limitaciones de los periodistas bajo el régimen militar obliga a los cientistas sociales, así como a otros analistas, a plantearnos las mismas preguntas sobre la autocensura; preguntarnos cómo y por qué elegimos presentar y representar cierto conocimiento e información como "hechos" y "eventos".

3.
LA MASACRE DE PANZÓS
COMO UNA METÁFORA

Explorar los significados de la versión del Ejército acerca de la masacre de Panzós es explorar la utilización metafórica que éste hace del mencionado acontecimiento; una metáfora que expresa su modo de entender la cultura y la política guatemalteca. Al examinar la masacre de Panzós desde la perspectiva del Ejército, de los sobrevivientes y de las organizaciones populares, veremos cómo la masacre, en la medida que tipifica las violentas confrontaciones entre el estado y los campesinos, se convierte en una metáfora para cada uno de los sectores de la sociedad guatemalteca. Tal tipificación permitió a cada sector imbuir el evento, a la memoria y a la metáfora de Panzós con un significado más amplio. Este significado más amplio expresó las diferentes estructuras ideacionales que ligan al Ejército, a los campesinos y a las organizaciones populares en tanto sectores distintos y conflictivos que comparten un terreno común de relaciones de poder. Tales relaciones de poder abarcan, a su vez, confrontaciones respecto de su ejercicio así como disensos sobre su representación y memoria.

Las afirmaciones del Ejército citadas en los diarios guatemaltecos, previamente mencionadas, son específicas de la versión oficial de lo que sucedió en la plaza en los minutos que precedieron a la masacre, así como durante y despúes de ésta. Hay muchas maneras en las que los discursos oficiales del Ejército reflejaron las estructuras ideacionales tanto de la ideología de seguridad nacional del estado como de los presupuestos racistas de la minoría no maya que dominaba (y continúa dominando) las relaciones sociales, económicas y políticas de poder dentro del estado y la sociedad guatemalteca. Algunas de esas estructuras ideacionales concernientes al carácter de la política y la cultura en Guatemala fueron comunicadas en esos artículos. Además, tales entendimientos representan al menos una parte de la cosmovisión del Ejército y de las elites, incluso cuando ciertos "hechos" presentados son mentiras deliberadas. Dentro de la estructura ideacional del estado de seguridad nacional guatemalteco, aquellas personas victimizadas por el Ejército son responsables de su propia victimización. Así, de acuerdo con el Ejército guatemalteco, aquellos que murieron en Panzós fueron "agresores" y el ataque del Ejército contra civiles desarmados fue en "legítima defensa". Esta posición refuerza y justifica la doctrina del Ejército que presenta a todas las víctimas de la violencia como "culpables" y, en consecuencia, "merecedoras" de cualquier fin violento que pudieran haber tenido.[3]

En todo el país, y especialmente en las zonas urbanas guatemaltecas, todavía es común escuchar a la gente decir "metido en babosadas" como una vaga referencia al hijo desaparecido de algún vecino o, incluso, de sus propios parientes. "Envuelto en babosadas" implica, discursivamente, por un lado, una falta de agentividad[4] y, por el otro, que debe haber

---

3. Es importante notar que el Ejército ni siquiera reconoció como víctimas a los civiles desarmados asesinados por los soldados.

4. La agentividad es la capacidad del individuo para contestar o desafiar relaciones de poder aunque sean relaciones estructurales. En otras palabras, la combinación de la

existido una "razón" para que muriera o estuviera desaparecido. Por otra parte, refuerza la negación del Ejército y de la elite, de aceptar la responsabilidad del estado por los crímenes cometidos contra sus propios ciudadanos y, además, esconde tanto la victimización del estado como la real existencia de sus víctimas. Subrayar esto implica suponer que el estado es una entidad razonable y ética –que el estado no llevaría a cabo tales acciones sin una razón–. La palabra "babosadas" está usualmente precedida o seguida por la expresión "¡saber!", lo cual implica que, aun cuando no se tiene conocimiento de las circunstancias que rodearon al evento violento, se resalta el supuesto de la culpabilidad de la víctima. De cierto modo, la cohesión social bajo ciertos regímenes represivos está basada en este tipo de explicaciones normalizadoras, porque si los desaparecidos no son culpables, entonces cualquiera puede ser el próximo. La sociedad ha perdido su orden y nadie está a salvo. Y nadie quiere creer que esto sea cierto.[5]

Muchas sociedades que padecen represión autoritaria reaccionan negando la violencia del estado. En Argentina, aún después del primer año post dictadura militar, los centros de detención y los campos de concentración en los que habían permanecido los

---

agentividad humana y las fuerzas estructurales determinan las relaciones de poder. Entonces, cambios en las estructuras, tanto como cambios en la agentividad pueden cambiar las relaciones de poder.

5. Hoy día en Guatemala se escucha y lee este mismo discurso, que culpa de los homicidios de jóvenes y de los femicidios a las víctimas y no al estado, que es responsable de garantizar el estado de derecho.

desaparecidos habían sido excluidos del léxico público, así como lo fue también la palabra desaparecido. Silvina, una sobreviviente de la tortura en el campo de prisioneros de Arana, explica:

> "Era obvio que llevaron a la gente pero no había un sentido de la amplitud de las operaciones, y siempre era más fácil decir lo que será famoso y común más después –'Por algo será' o 'En algo andará'–. Eso fue tanto más fácil que imaginar que el gobierno había declarado una guerra secreta en contra de todos los sectores de la sociedad argentina." (Stener Carlson, 1996: 167).

Casos de gente común que cometió crímenes atroces de lesa humanidad han sido registrados en Guatemala (Montejo, 1987), en la Alemania nazi (Goldhagen, 1996; Browning, 1992; Levi, 1998), en Argentina (Feitlowitz, 1998) y Rwanda (Gourevitch 1999), entre otros. Algunos cometieron esos crímenes voluntariamente; otros lo hicieron bajo coerción. La mayoría de la gente ni reprime a sus conciudadanos ni se rebela activamente contra el régimen represivo. La mayoría de las personas son como los pasajeros del autobús de Argentina, que fueron testigos silenciosos, que no protestaron cuando la policía secreta arrastró fuera del transporte a una joven mujer golpeándola y gritándole violentamente. Una mujer mayor que se atrevió a hablar, protestó murmurando contra la forma, más que contra la acción, pidiendo suavemente "por el pelo no" (Feitlowitz, 1998: 149). No es que los guatemaltecos comunes necesariamente creyeran que el Ejército los estaba protegiendo de los "subversivos", aunque algunos quizás así lo sintieron. En realidad, al igual que el Ejército, necesitaban creer que éste estaba resguardándolos –tanto a ellos como

a la nación– de los "subversivos" así como necesitaron
creer que había algún tipo de definición, más o menos
precisa, de quién era subversivo y quién no. Cuando
los subversivos dejan de ser el "otro", cualquiera puede
ser acusado. De este modo, el "evento" en Panzós fue
presentado por el Ejército en términos de "legítima
defensa" para asegurar a los ciudadanos moderados
y conservadores urbanos que el Ejército no mataba
sin una razón. Al mismo tiempo, la representación
de su poder funcionó como una advertencia para
quienes pudiesen adoptar una postura vinculada a la
justicia social, lo cual era considerado por el Ejército
como causa justa para matar en "legítima defensa".
En el próximo capítulo, veremos cómo las organizaciones populares desafiaron la propaganda del estado
moldeando la memoria pública con la metáfora popular
de la masacre de Panzós en oposición al estado.

El Ejército, además de afirmar que las víctimas
de la masacre de Panzós causaron el ataque de los
soldados, también insistió en que "la responsabilidad"
no era de aquellos que dieron la orden de disparar, ni
de los soldados que lo hicieron contra una multitud
de civiles, sino que recaía en los dirigentes de
organizaciones de extrema izquierda que pretendían
utilizar a los campesinos sin tierra como instrumentos
de su política, sin interesarles las consecuencias de
cualquier naturaleza incluyendo la pérdida de valiosas
vidas (Secretaría de Relaciones Públicas de la Presidencia
de la República, 1978). Otra implicación aquí es que
los campesinos sin tierra sólo pueden ser instrumentos
de la política de otros porque carecen de agentividad
para tener su propia política. Tal como Gyanendra
Pandey ha notado en sus estudios sobre las construcciones coloniales de India, la representación co-

lonial de la violencia en las comunidades campesinas (y especialmente en las comunidades indígenas) está sustentada en la idea de que los "nativos" tienen una "violencia instintiva impotente" que "toma la forma de 'convulsiones'... (las cuales) en conjunto constituyen la política de la comunidad indígena" (Pandey, 1989: 168). La lógica de la cosmovisión del Ejército, al igual que la de muchos ladinos, considera que tanto las marchas como los levantamientos de las comunidades mayas sólo pueden ser organizados desde afuera. De este modo, aunque el Ejército mató a los campesinos, "las organizaciones de extrema izquierda" fueron las responsables. Para el Ejército guatemalteco, la "extrema izquierda" significa cualquier persona que no apoye al Ejército, cualquiera que desafíe la legalidad de los robos de la tierra por parte de las grandes haciendas y/o la injusticia de la extrema pobreza. Además de los miembros del partido comunista y de aquellos que trabajan por el derecho a la tierra, la "extrema izquierda" incluye también a los estudiantes, abogados, periodistas, sacerdotes, monjas, maestros, médicos, enfermeras e ingenieros, entre otros. Desde la perspectiva del Ejército y de la elite terrateniente, estos ciudadanos que buscan usar su educación y herramientas para mejorar la calidad de vida de la mayoría rural maya mediante campañas de salud, de alfabetización, proyectos de agua potable y apoyo legal para defender las tierras comunales (mediante organizaciones comunales que en aquel momento eran legales constitucionalmente) fueron homogeneizados bajo el rótulo "subversivos de extrema izquierda".

El Ejército al retratar a los q'eqchi's de Panzós como pueblo "sencillo" o de "buena voluntad" (*El Gráfico*, 30 de mayo de 1978: 7) pretendía presentarlos como anulados de la agentividad humana y, considerándolos como seres humanos vulnerables con necesidad de "protección", tanto de ellos mismos como de los "subversivos". Tales suposiciones encajan bien en la estructura ideacional racista de la minoría dominante porque desde este punto de vista a los mayas les falta conciencia política y capacidad para auto-representarse. Así, quedaba fuera de la imaginación del Ejército y de la elite terrateniente, la posibilidad de concebir a la organización política maya sin la presencia y la dirección de "agitadores externos".

Ellos eran, además, incapaces de comprender a las organizaciones campesinas mayas como un resultado lógico del cambio en la producción agrícola que, entre 1950 y 1978, implicó un crecimiento del 200% en la superficie dedicada a la exportación y una declinación del 10% en el uso de la tierra para cultivo de maíz —cultivo principal para la subsistencia de los campesinos mayas (Loveman y Davies, 1997: 194)—. Mientras que los mayas constituyen más de la mitad de la población guatemalteca, la confluencia entre el racismo y la marginación de los mayas en la política conforman gran parte de la cultura dominante así como sus relaciones con la mayoría rural maya. La cultura dominante de la minoría no maya está fundada en la continua marginación y explotación de los mayas. En 1978, e incluso hoy en día, esto hizo imposible —tanto al Ejército como a la elite terrateniente— reconocer la dura realidad de la vida cotidiana de los mayas rurales. El reconocimiento de los mayas como iguales, como seres humanos con sentimientos por parte del Ejército y de la elite terrateniente requería una revisión del modo de entender las relaciones de poder guatemaltecas, en el pasado y en el presente, e incluso forzarlos a visualizar una "nueva" Guatemala donde el discurso y la práctica, tanto del estado como de sus agentes, no fueran plasmados nunca más en explicaciones ideológicas de "inferioridad" o de "infantilidad" maya para justificar su explotación y opresión.

Además, debido a que el poder del Ejército y de la elite terrateniente estuvo fundado en este sistema de desigualdad basado en la explotación racista de los mayas, los primeros no podrían reconocer a estos últimos como ciudadanos iguales, y mucho menos imaginarlos de otro modo que no fuera como peones. Desde esta perspectiva, cualquier acción política realizada por los campesinos indígenas sólo puede concebirse como resultado de la movilización producida por "elementos subversivos". A finales del siglo XX y ahora, a principios del XXI, el Ejército sigue explicando La Violencia como una batalla necesaria contra el comunismo.[6]

El Ejército no sólo sostuvo que los civiles desarmados masacrados en Panzós causaron su propia muerte, sino que además quiso que los lectores de los diarios creyeran que los campesinos indígenas no tenían razones reales para sentir hostilidad hacia el Ejército; afirmó que "los elementos subversivos", y no las condiciones de vida miserables de los campesinos, ni su propio rol como protector de la jerarquía social económica y política guatemalteca (que generalmente usa la violencia contra los mayas) fomentaron la hostilidad maya hacia el Ejército. Cada vez que el Ejército y sus agentes afirmaban la existencia de

6. Entrevista de la autora con los generales Héctor Barrios (1994 y 1997) y Héctor Gramajo (1997), y otros militares que pidieron permanecer en el anonimato.

agitadores externos, de elementos subversivos y de extrema izquierda, también negaban la existencia de la conciencia social y voluntad política maya. La negación hasta de la calidad de seres humanos de los mayas encuentra expresión en ideas (aún predominantes) entre los no mayas como: los mayas no sufren el dolor de la misma manera en que lo hacen los no mayas; a los mayas sólo les gusta comer maíz; los mayas están acostumbrados a (y por lo tanto no se angustian por) la muerte prematura de sus niños causada por el hambre y las enfermedades que de ésta se derivan. Estas expresiones de racismo no son exclusivas de Guatemala. La esclavitud en Estados Unidos (Davis, 1983), el *apartheid* en Sudáfrica (Borraine, 1997), el holocausto (Goldhagen, 1996), la "guerra sucia" en Argentina (Feitlowitz, 1998) y la "matanza" en El Salvador (Anderson, 1971) fueron sustentadas por ideologías similares.

El gobierno guatemalteco afirmó que: "Reprueba una vez más los procedimientos de violencia para resolver reales o supuestos conflictos agrarios" (Secretaría de Relaciones Públicas de la Presidencia de la República, 1978). De esa manera las severas condiciones de vida de los sin tierra y casi sin tierra q'eqchi's ni siquiera fueron consideradas como algo real. De este modo, fue negada la legitimidad de las demandas campesinas por la tierra. Además, esta afirmación hizo explícita la idea de que fueron los campesinos quienes usaron la violencia (aunque tal cosa ocurrió después de haber sido engañados por los "subversivos"). Más precisamente, según lo evidencia –la presencia de los soldados que acompañaron a los hermanos Monzón para amenazar a los q'eqchi's– fue el estado quien recurrió a la violencia para resolver los conflictos agrarios contra los intereses de la mayoría rural maya antes y después de la masacre, tal como vimos en el capítulo anterior y veremos en el capítulo subsiguiente.

El gobierno aseguró haber entregado "millares de manzanas a campesinos necesitados" (Secretaría de Relaciones Públicas de la Presidencia de la República, 1978). Tal como bosquejé en capítulos previos, el gobierno de Jacobo Árbenz fue el único gobierno guatemalteco que distribuyó miles de manzanas de tierra entre los campesinos pobres; otros gobiernos guatemaltecos han dado tierra, pero ello consistió en entregar las tierras comunales mayas a los no mayas. Cualquier cantidad de tierra realmente distribuida entre los mayas ha sido mínima en comparación con la distribuida bajo el gobierno de Árbenz.

Evocando lo que George Orwell una vez refirió como el "Ministerio de la verdad", el lugar donde "cualquier historia es cuidadosamente limpiada y reescrita tan a menudo como sea necesario" (Orwell, 1992: 36), el Ejército trató de explicar las numerosas invasiones de tierras y las protestas que sumergieron a la Guatemala rural como si hubieran sido "instigadas por las guerrillas". De acuerdo con la versión oficial del Ejército, tal invasión de tierras, dirigida por la guerrilla, había sido prevenida "por intervención del Ejército que hablan las lenguas locales se han evitado, logrando convencer a los campesinos para que desistan de los propósitos que persiguen los instigadores" (*La Hora*, 30 de mayo de 1978, página 8). ¿A qué estaban refiriéndose? Elementos del Ejército habían matado a los campesinos q'eqchi's que estaban protestando por tierras en Panzós. Por lo menos en este caso, lejos de utilizar la "lengua" local, antes de disparar, alguno de los soldados dijo a los manifestantes en español: "¿Ustedes quieren tierra?... Nosotros les daremos tierra allá en la tierra santa" (refiriéndose al cementerio en la colina sobre el pueblo) (Panzós, Testimonio N° 2, 6 de septiembre de 1997).

4.
CAMPESINOS DE PANZÓS DISPUTAN LA HISTORIA OFICIAL EN LA PRENSA NACIONAL

Dos días después de la masacre, una delegación de campesinos del área de Panzós en una conferencia de prensa llevada a cabo en las oficinas de FASGUA, en la ciudad de Guatemala, dio la versión de los sobrevivientes q'eqchi's de los eventos ocurridos. *La Tarde*[7] y *El Imparcial* publicaron la historia.

En la página 4 del 31 de mayo, el artículo de *La Tarde* respecto a Panzós presentó chocantes contrastes con otros relatos. En directa contradicción con la historia oficial, el titular declaró: "LOS CAMPESINOS LLEGARON SIN ARMAS: PANZÓS: CIEN MUERTOS; 600 HUYEN A LA MONTAÑA. Un litigio de tierra dio origen a la tragedia de la que resultaron víctimas mujeres y

---

7. *La Tarde* era un diario vespertino editado por la misma compañía propietaria de *El Gráfico*. Apareció en 1979 con una simpatía claramente izquierdista expresada en las historias convertidas en noticia y por los análisis que realizaban. Su principal eslogan lo autoproclamaba como un diario que "dice la verdad" y daba a los líderes sindicales periódicas columnas. Muchos de sus escritores, tanto periodistas como líderes sindicales, fueron asesinados o forzados a exiliarse en 1980. El diario cerró en 1981.

niños". Otros puntos significativos fueron ofrecidos en el artículo, incluyendo el reporte en el que los sobrevivientes de Panzós declararon directamente que el número de víctimas no era 37, como sostenía el Ejército, sino 100 incluyendo mujeres y niños. Los sobrevivientes también indicaron que la FASGUA había enviado una nota al alcalde de Panzós que hablaba sobre la disputa de tierras y que esa nota había desencadenado la "masacre humana". La delegación de Panzós también dijo al diario que "ya les habían amenazado con echarles al destacamento de Zacapa si continuaban alegando sus derechos en las tierras de las Verapaces" (4).

Por otra parte la delegación declaró que Flavio Monzón (el cual, según confirmó el diario, era un miembro del MLN):[8] "Había hecho amenazas días antes, en el sentido de que 150 miembros del Ejército de Zacapa viajaron a Panzós para resolver los problemas" (4). Los campesinos de Panzós, Cahaboncito y Soledad explicaron que:

> "Ellos no creían que la amenaza se cumpliría porque el mismo presidente del Instituto Nacional de Transformación Agraria declaró que esas tierras pertenecen a los campesinos y que inclusive ya se

---

8. El Movimiento de Liberación Nacional (MLN) se originó en el Partido Unificación Anticomunista (PUA), establecido con apoyo de Estados Unidos después del golpe en contra de Árbenz en 1954. El MLN fue fundado por elites en la capital de Guatemala y resultó atractivo para finqueros como Monzón, quienes sintieron que sus terrenos estarían seguros con el MLN, porque el PUA había anulado la distribución de tierra realizada por Árbenz, anulando los derechos de la tierra de los mayas y reforzando los derechos de los terratenientes.

hicieron censos para mejor distribuir las tierras" (4).

La delegación estimó que aunque había alrededor de 150 soldados en la plaza: "Únicamente intervinieron 10 porque los campesinos no llevaban armas, ni machetes y únicamente cargaban sus garabatos que les sirven para laborar la tierra" (*La Tarde*, 31 de mayo de 1978, 4).

"Además de Flavio Monzón, los campesinos responsabilizaron a varios finqueros de haber tenido responsabilidad en la muerte de cien de sus compañeros. Entre estos finqueros mencionaron a Joaquín González, Raúl Aníbal, Erwin Vicks, Manuel Mocir Sánchez, Boanerges Echeverría, Baudilio Celeton, Javier Baili, Oscar Lemus, Enrique Medina y Manuel Enrique Lemus (algunas veces abogado de Monzón)."-(4).

En respuesta a la sugerencia de los campesinos de que la nota de la FASGUA jugó una parte en la masacre, representantes de la Federación explicaron que:

"El contenido de la nota era para que el alcalde informara sobre el estado del litigio que los campesinos tienen con los terratenientes y que la organización sindical iba a interponer sus buenos oficios para contribuir a solucionar el problema." (*La Tarde*, 31 de mayo, 1978: 4).

De esta manera, además de ofrecer el primer relato de los campesinos sobrevivientes de la masacre, *La Tarde* publicó el primer artículo periodístico que reconocía que una organización popular estaba involucrada en la movilización por los derechos a la tierra en la comunidad de Panzós. El artículo mostraba una foto de los campesinos de Panzós, pero no mencionaba sus nombres, ni estaba firmado.

5.
ACTUALIZACIÓN OFICIAL:
OPROBIO, OPORTUNISMO Y FIDEL CASTRO

Dentro de los tres días subsiguientes a la masacre de Panzós, aparecieron, por lo menos, trece artículos en seis periódicos —seis de los cuales fueron publicados en *La Nación* (31 de mayo, 1978: 1; 1 de junio, 1978: 4, 6; 2 de junio, 1978: 15). Diez de estos artículos presentaron nuevas interpretaciones oficiales de los "eventos" de Panzós (en las cuales no hubo admisión de la masacre). *Prensa Libre, La Hora, La Nación* e *Impacto* publicaron noticias en las que se citaba extensamente al general Kjell Laugerud García, presidente de Guatemala. Los artículos de los periódicos *Impacto, Imparcial* y *La Nación* dieron a conocer, en largas notas, los razonamientos del ministro de Defensa, general Otto Spiegler, que explicaban los "eventos" de Panzós. El primero de junio de 1978, *El Gráfico* y *La Nación* dieron a conocer historias de "interés humano" que incluían entrevistas supervisadas por el Ejército con tres soldados que habían sido heridos durante tales "eventos". *Prensa Libre* publicó un artículo basado en una entrevista con el vicepresidente del INTA, Hans Laugerud García, hermano del presidente de la república.

Prensa Libre había sido siempre un diario con muchas contradicciones. Conservador desde su fundación, sus trabajadores estaban, sin embargo, sindicalizados y apoyaban al movimiento popular en

1978. Este periódico, al igual que otros diarios conservadores incluyendo a *El Imparcial, Diario de Centro América* y a *Impacto*, apoyaban o se oponían a diferentes facciones de la elite dentro de los partidos militares y del gobierno. En 1978, el MLN había caído en desgracia dentro de la elite conservadora que representaba a los capitales más modernos; la elite tradicional terrateniente, en cambio, continuaba apoyándolo.

El general Kjell Laugerud García, presidente de Guatemala, declaró en un comunicado de prensa reproducido en el periódico *Prensa Libre* que:

"1. Rechaza categóricamente, las tendenciosas afirmaciones propaladas por el señor FLAVIO MONZÓN, miembro del partido político MOVIMIENTO DE LIBERA-CIÓN NACIONAL (énfasis en el original), consistentes en que 'el señor presidente de la república había autorizado que asesinaran a los campesinos de Panzós' según la versión de un campesino de aquel lugar.

2. Por ser totalmente falsa tal aseveración, el Ministerio Público ha recibido instrucciones para abrir un proceso contra el señor FLAVIO MONZÓN, por DIFAMACIÓN Y CALUMNIA, en la persona del señor presidente de la república, general Kjell Eugenio Laugerud García." (*Prensa Libre*, 1 de junio de 1978, 7).

Fue a partir de su participación en el MLN que Flavio Monzón fue nombrado alcalde de Panzós en 1954, luego del derrocamiento del presidente Árbenz. Así, su participación en el MLN le permitió consolidar al mismo tiempo su poder en la región y fuertes lazos con el Ejército.

Kjell Laugerud, no obstante, se lanzó para presidente por el Partido Institucional Democrático

(PID) en coalición con el MLN cuyo máximo dirigente, Mario Sandoval Alarcón, era vicepresidente. Mientras que el anticomunista MLN atrajo el apoyo de su tradicional base de terratenientes, de los capitalinos y de los oficiales de alto rango en el Ejército, el PID recogió predominantemente el apoyo de los ladinos urbanos del interior del país, incluyendo a pequeños comerciantes, transportistas (buses y camiones) y personal del Ejército con rango de oficiales (coroneles, coroneles primeros y generales) que tenían poder local y regional en las Verapaces y en el este guatemalteco. En 1978, la mayoría de los oficiales militares de alto rango pertenecían al MLN, al PID o al CAN (Partido Central Auténtica Nacionalista). Como presidente de Guatemala y líder del PID, el general Laugerud hizo declaraciones que demostraban no sólo un distanciamiento de Flavio Monzón, sino también un abismo entre el MLN y el PID y, ciertamente, dentro del mismo Ejército.[9] Después de todo, su planteamiento estaba basado en relatos de campesinos de Panzós dados a la prensa, no en algo que el mismo Monzón hubiera dicho a la prensa. Es interesante notar que por virtud de esta denuncia por difamación en contra de Monzón, Laugerud negó que hubiese habido autorización presidencial para la masacre, pero también legitimó las acusaciones de los campesinos de que Monzón había hecho valer la autorización del presidente. Laugerud defendió nuevamente al Ejército como institución y justificó la "respuesta" del Ejército en Panzós, una posición que también negaba las

---

9. Agradezco a antiguos miembros de los partidos y de la oposición democrática (quienes pidieron anonimato) por explicar estas relaciones entre y dentro de los partidos.

afirmaciones de los campesinos sobre los continuos ataques militares en contra de los civiles. Su posición pública fue, al menos, ambigua. En el mismo artículo, Laugerud declaró además que, como presidente:

> "Siempre ha estado dispuesto a mantener el diálogo con los distintos sectores del país, por lo que los campesinos afectados pueden solicitarle audiencia cuando así lo deseen y les señala que no es necesario acudir a entidades sindicales o estudiantiles para poder dialogar y resolver los problemas que les aquejan." (*Prensa Libre*, 1 de junio, 1978: 7).

> "Lo ocurrido en Panzós, Alta Verapaz, es el resultado de un plan general de subversión y cuya responsabilidad recae en el mal llamado Ejército Guerrillero de los Pobres (EGP)" –declaró Laugerud– "...Quienes conocen el área de Cobán, saben que el campesino kekchí siempre ha sido un hombre pacífico, tranquilo y trabajador." (*La Nación*, 1 de junio, 1978: 4).

El general Laugerud fue más allá al decir que todo lo que había ocurrido fue la culminación: "De un programa de indoctrinamiento por facciones de extrema izquierda... las que ni siquiera son del área de Cobán o de Panzós" (4). Explicó que él sabía que eran agitadores externos quienes incitaron a los q'eqchi's porque éstos:

> "Convocan y reúnen a los campesinos en las aldeas y les llevan una grabadora con una cinta magnetofónica en kekchí usándola para sus fines de soliviantar los ánimos ya que no conocen ni hablan el dialecto." (*La Nación*, 1 de junio, 1978: 4).

En relación con la responsabilidad por los disparos del Ejército en contra de los civiles, el general Laugerud declaró:

1) Las afirmaciones acerca de que "los campesinos no llevaban armas de fuego, eso es falso";
2) "... si bien es cierto un machete o un azadón son instrumentos de trabajo, también matan...";
3) "Los responsables de esto... la tienen que pagar. Es decir, quienes originaron, obligaron y encauzaron a los campesinos a que se pusieran en un plan de rebeldía nunca antes visto en el norte del país";
4) "Es mentira que en el incidente haya muerto a balazos algún niño. Lo que sí es cierto, es que cuando los soldados fueron atacados y se defendieron, los agresores colocaron en primera fila a seis mujeres quienes fallecieron por heridas de bala..." (*La Nación*, 1 de junio, 1978: 4).[10]

Cuando por fin el general Laugerud se reunió con un periodista de *Impacto*, nombró a Fidel Castro como:

"El autor intelectual de lo ocurrido en aquella región de las Verapaces hecho que ha sido calificado por varias organizaciones populares como 'una verdadera masacre'." (*Impacto*, 1 de junio de 1978, 2).

Explicó que:

"Las huestes de Fidel Castro, los comunistas del Ejército Guerrillero de los Pobres habían venido desde hace algún tiempo adoctrinando a los campesinos de Panzós para que invadieran tanto las tierras privadas como las estatales".

---

10. Se puede encontrar en Sudáfrica (Pohlandt-McCormick, 1999) y México (Speed, 2008) ejemplos similares de discursos oficiales afirmando que las mujeres se colocaban enfrente de los soldados.

Como evidencia del plan internacional de "subversión patrocinada por Fidel Castro", el general Laugerud señaló que:

"En otros países ... los gobiernos han tenido que combatir las guerrillas, recordando el caso en Bolivia

Cuadro 4
POSICIÓN IDEOLÓGICA DE LOS REPORTES
PERIODÍSTICOS SOBRE LA MASACRE DE PANZÓS

Conservadores:	A la derecha:
• Apoyo a los intereses de la elite. • Apoyo a los partidos militares y a las facciones correspondientes del gobierno militar.	• Apoyo a los intereses de la elite. • Apoyo a los militares en el poder.
Liberal/Progresista:	**Izquierda:**
• No apoyo al gobierno militar. • Apoyo a la oposición democrática. • Simpatía con el movimiento popular.	• No apoya al gobierno militar. • Apoyo a la oposición democrática. • Apoyo al movimiento popular.

Cuadro 5
LOS MEDIOS DE PRENSA Y
SU POSICIÓN FRENTE A LA MASACRE DE PANZÓS

	Apoyo a la elite o a las facciones pluralistas populares	Apoyo a los movimientos hegemónicos
Elite	*Diario de Centro América* *El Imparcial* (cerrado) *Impacto* (cerrado) *Prensa Libre*	*La Hora*
	Conservadores	**A la derecha**
Masas	*La Nación* (cerrado) *El Gráfico* (cerrado)	*La Tarde* (cerrado)
	Progresistas	**Izquierda**

donde... fue muerto por una patrulla militar el conocido guerrillero Ernesto 'Ché' Guevara." (2).

El general Laugerud dejó sin respuesta la pregunta del reportero acerca de por qué el gobierno no había prevenido los "eventos" en Panzós si ellos ya conocían "desde hace algún tiempo" las actividades de la guerrilla (*Impacto*, 1 de junio, 1978: 2).

6.
AGITADORES EXTERNOS, FIDEL CASTRO Y EL NOMADISMO DE LOS Q'EQCHI'S

El ministro de la Defensa, general Otto Spiegler, hizo eco de las teorías conspirativas de la Guerra Fría descargando la responsabilidad de los disparos del Ejército contra civiles desarmados directamente en Fidel Castro y el EGP. El ministro, un importante terrateniente, descendiente de inmigrantes alemanes del área de Cobán, indicó que los q'eqchi's fueron "incitados" por el EGP. Explicó que el campesino q'eqchi' "no tiene mayor preparación o cultura" (*La Nación*, 1 de junio de 1978: 6). También explicó que los "kekchies no tienen tierras propias sino que son nómadas, que deambulan por las montañas y que eventualmente bajan a las poblaciones y fincas para provocar conflictos empujados por los guerrilleros" (*El Imparcial,* 1 de junio de 1978: 1). "Nómadas" se refiere, discursivamente, a un grupo efímero y temporario de gente "primitiva" sin lazos reales con la tierra. De este modo, con una palabra, Spiegler reforzaba la negación oficial de la historia viva de los q'eqchi's, quienes han estado viviendo en una sociedad agraria altamente organizada y con infraestructura desde antes de la Conquista.

Ninguna persona de la oposición estuvo a salvo de las acusaciones de culpabilidad en la historia de Spiegler. Además de combinar y culpar a las organizaciones populares, a Fidel Castro y al EGP, también descargó responsabilidades sobre los protestantes y los católicos por incitar a la invasión de tierras, porque cuando los campesinos llegaron a la plaza, de acuerdo con el ministro de la Defensa, estaban gritando: "La tierra es de Dios y del que la trabaja". Agregó que "los guerrilleros están detrás de los campesinos, porque también gritaban 'Mueran los ricos'" (*El Imparcial*, 1 de junio de 1978: 1).

El ministro de Defensa terminó su entrevista negando las acusaciones de que él o el presidente hubieran dado órdenes a los soldados de disparar sobre los campesinos. Luego, el reportero preguntó sobre otros periodistas que habían sido verbal y físicamente agredidos por los soldados en la entrada de Panzós (los soldados les negaron el ingreso a Panzós a los periodistas y se llevaron sus cámaras y grabadoras), ante lo cual el ministro respondió que él no había ordenado a los soldados restringir a la prensa (*El Imparcial*, 1 de junio de 1978: 1).

Cuando Spiegler llegó para reunirse con los reporteros de *Impacto*, explicó que los periodistas que trataron de entrar al área habían sido detenidos a causa de un derrumbe y lo refirió como "este infeliz accidente que todos lamentamos" (*Impacto*, 1 de junio de 1978: 3). Incluso fue más allá al decir que:

"Suceden casos que escapan al control de los oficiales. Aquí no se dio orden en ese sentido, pero bien podría ser que jefes menores hubieran dado instrucciones para impedir el paso de personas que portaran cámaras o grabadoras" (*Impacto*, 1 de junio de 1978: 3).

Spiegler reiteró su teoría de que el EGP y la iglesia manipularon a las "comunidades nómadas Kekchis" utilizando "cintas y grabadoras, motivando a los campesinos en su propia lengua" (*Impacto*, 1 de junio de 1978: 3). Dijo: "'La tierra es de Dios y del que la trabaja', esos no son términos propios de ellos, son eslóganes que les metieron en la cabeza". También informó que: "Sí obra en poder del Ejército la lista de nombres de los líderes de este movimiento" (*Impacto*, 1 de junio de 1978: 3). Más allá de que los q'eqchi's de Panzós usaran o no esos eslóganes, la idea de que ciertas frases hubieran sido "insertadas" en la cabeza de los q'eqchi's refuerza nuevamente el discurso dominante que supone que a los mayas les falta agentividad, carecen de ideas propias y, significativamente, no tienen conciencia para apropiarse de la terminología de la sociedad no-maya y reconfigurarla para poder expresar sus propias necesidades y adaptarlas a éstas.

También el 1 de junio, *La Nación* publicó dos artículos extremadamente breves reproduciendo dos historias no oficiales sobre lo ocurrido en Panzós. Uno de los artículos anunciaba que la Federación Campesina de Guatemala estaba pidiendo públicamente que el gobierno nombrara:

"Una comisión investigadora, compuesta por representantes de la Asociación de Periodistas de Guatemala, de la Universidad de San Carlos de

Guatemala, de las organizaciones laborales, de la Iglesia, y del propio gobierno, para aclarar lo relacionado con los hechos sangrientos ocurridos en Panzós." (*La Nación*, 1 de junio de 1978: 6).

La Federación también pidió al gobierno: "El esclarecimiento de los trágicos sucesos y de las restricciones al libre acceso al lugar de los hechos lo que constituye una flagrante violación al derecho de informar y ser informado..." (*La Nación*, 1 de junio de 1978: 6). El otro artículo de *La Nación* consistió en reproducir un comunicado de prensa de la Coordinadora de Pobladores de Guatemala –una organización popular que representaba a los pobres urbanos– en el que condenaba la represión contra "los campesinos que han luchado para exigir sus derechos" (*La Nación*, 1 de junio de 1978: 6).

A través de *La Hora*, el mismo 1 de junio, el presidente anunció que se esperaba que los grandes terratenientes de Alta Verapaz, y especialmente los de Panzós, se presentaran ante las oficinas del gobierno para demostrar la propiedad de sus tierras. Anunció que se había encargado al INTA que investigara la validez de esos reclamos de tierras (*La Hora*, 1 de junio de 1978: 1). No hubo mención alguna acerca de una investigación relacionada con los reclamos de tierra de los campesinos de Panzós.

El mismo día, Hans Laugerud García, vicepresidente del INTA y hermano del presidente de la república, repitió que los campesinos "fueron vilmente engañados por falsos líderes" y que "se querían posesionar por la fuerza de las fincas San Luis, San Vicente y Soledad, inmuebles que están debidamente registrados a nombre de particulares" (*Prensa Libre*, 1 de junio de 1978: 7).

El 1 de junio, un artículo de *El Gráfico* titulado "Hablan soldados heridos durante sucesos de Panzós" —sin nombre de autor— decía: "Resulta imposible hilvanar las entrevistas, pues los colegas se mueven en la pequeña sala. Asimismo dos oficiales del Ejército vestidos de particular grababan las entrevistas" (*El Gráfico*, 1 de junio de 1978: 2). Se entrevistó a tres soldados. Todos habían sido heridos. Un soldado explicó que fue herido por golpes de machete y cayó al suelo. Cuando fue llevado de regreso a la base, descubrió que había perdido su "Hallil" (*sic*) —fusil fabricado en Israel—. Aunque ninguno de los soldados tenía heridas de bala repetían las declaraciones oficiales que decían que los campesinos llevaban armas de fuego. El único caso de bala encontrado en Panzós fue reportado el 2 de junio por *El Gráfico* como una bala calibre 5.56 perteneciente a una ametralladora Galil —arma regular del Ejército guatemalteco— (*El Gráfico*, 2 de junio de 1978: 3).

Continuando su entrevista del 1 de junio con *Prensa Libre*, el vicepresidente del INTA concedió una entrevista a *La Nación* en la cual desvía tanto las acusaciones sobre la incompetencia y la corrupción del INTA como la responsabilidad del Ejército por la masacre. Culpó a:

> "Elementos subversivos... se ha hecho creer a los campesinos que no poseen tierras propias, que pueden obtenerlas por invasión porque tienen derecho a ello" (*La Nación*, 2 de junio de 1978: 5).

Hans Laugerud también "descargó parte de la culpa por lo ocurrido en Panzós en los terratenientes" por ser "avorazados" (5). Se refirió a la masacre de Panzós como "un enfrentamiento entre campesinos y el Ejército". Otros comentarios durante ese reportaje elevaron las aparentemente azarosas atribuciones de responsabilidad realizadas por su hermano, el general Kjell Laugerud, y el ministro de Defensa Spiegler, a un nuevo nivel de conspiración más allá de los "q'eqchi's nómadas", de "Fidel Castro" y de los "agitadores externos". Hans Laugerud acusó a: "Elementos de extrema izquierda y a líderes políticos y sindicales de estar promoviendo el azuzamiento entre los campesinos para que se apoderen de tierras particulares". Panzós no era el único caso, agregó, y mencionó comunidades en Chimaltenango, Escuintla, Izabal y las Verapaces en las cuales personas de afuera "han pretendido hacer creer a los campesinos" que tierras privadas pertenecen al estado para regalar. Mientras que por un lado se distanciaba a sí mismo y a su hermano de los grandes terratenientes de Panzós diciendo que su hermano presidente "les ha pedido tantas veces que abran un poco las manos", pero que "algunos de los terratenientes han mantenido 'el puño cerrado' actuando como el azadón: 'sólo para ellos'". También observó que el "problema nacional" era que se estaba "engañando" a los campesinos más que robándoles sus tierras (*La Nación*, 2 de junio, 1978: 5).

Sin embargo, al día siguiente, el INTA anunció en *El Gráfico* (3 de junio de 1978: 7) que reconocería la reforma agraria y que, al amparo del Decreto No. 900, Ley de Reforma Agraria, legalizaría la posesión de las parcelas por los campesinos entre las comunidades de Panzós, Trece Aguas, Carbajal y Canguacha; tierras que no estaban siendo reclamadas en la manifestación de la plaza.

7.
RELATOS DE LA PRENSA:
PANZÓS DESPUÉS DE LA MASACRE

No fue sino hasta cuatro días después de la masacre que los periodistas pudieron reportar desde Panzós. En la primera página de *El Imparcial* se publicaron fotos tomadas el día de la matanza. Los pies de foto incluían: la visión posterior de un camión de carga con "Una camionada de campesinos muertos, amontonados unos sobre otros"; "Una mujer corre a auxiliar a heridos"; y "Un aspecto de los heridos", la cual mostraba a los campesinos heridos, yaciendo en camillas fuera del centro de salud de Panzós, que había sido inundado de heridos. Además de una foto de los sobrevivientes, había una foto de 16 soldados y dos vehículos del Ejército en la calle frente a la casa de Flavio Monzón y otra enfocando un cañón del Ejército de 50 milímetros ubicado en la esquina de la casa de Monzón para defenderla. El artículo se titulaba, "En Panzós lloran a sus muertos", llevando como subtítulo: "Ambiente de cementerio persiste en la plaza principal de Panzós" (*El Imparcial*, 2 de junio de 1978: 1).

El reportero de *El Imparcial*, Abraham Baca Dávila (uno de los pocos reporteros que firmaba sus notas), hizo una descripción de Panzós: "Un olor fétido, olor a muerto, que sólo se siente en cementerios, es lo que todavía persiste en la Plaza Principal de Panzós". Lo describió como un pueblo donde "de siete mil habitantes (antes de la masacre) ...podemos calcular ahora unos mil quinientos vecinos porque la mayoría ha emigrado a otros lugares con sus cosas" y que Panzós fue "virtualmente ocupada por el Ejército nacional" (2

de junio, 1978: 1). El artículo caracterizaba a Panzós
con "unos ochocientos elementos del Ejército, soldados
adiestrados en la lucha contra guerrillas, denominados
Kaibiles, se encuentran apostados en los edificios
públicos y calles principales de esta población de siete
mil habitantes hasta el lunes pasado". Además de los
kaibiles, Baca Dávila apuntó que "Se puede observar
también, aparte de los Kaibiles, a efectivos Rangers.
Muchos de ellos no llevan insignia del Ejército de
Guatemala" (*El Imparcial,* 2 de junio, 1978: 1).

El coronel Guillermo de la Cruz, jefe del Estado
Mayor Presidencial, describió los "eventos" de Panzós
como un "enfrentamiento armado". El coronel De la
Cruz, que luego fue ascendido a general y llegó a
representar a Alta Verapaz en el Congreso de Guatemala,
explicó que "es evidente que la región de Alta Verapaz
está plagada de elementos subversivos... Asimismo
no podemos descartar que estos elementos de izquierda
han venido azuzando a los campesinos para que
reclamen sus tierras". Sin embargo, De la Cruz culpó
al INTA por "la mala distribución de la tierra y la
dotación de títulos supletorios a finqueros y terratenientes" y subrayó que éste "ha dado origen a lo
ocurrido en Panzós". El alcalde de Panzós, Walter
Overdick, también culpó al INTA. Overdick, quien se
encontraba en su oficina cuando ocurrió la masacre,
agregó que el Ejército no advirtió verbalmente su
intención de abrir fuego, ni tampoco los soldados
tomaron acciones preventivas, tales como usar gases
lacrimógenos para dispersar a la multitud. "Sino que
empezaron a disparar a diestra y siniestra, por órdenes
de un miembro del Ejército de baja graduación que
ya fue transferido a la base militar de Cobán", declaró
Overdick. El alcalde también concordó con las

descripciones realizadas por los q'eqchi's sobre los campesinos que morían en el río mientras trataban de huir (Baca Dávila, *El Imparcial*, 2 de junio, 1978: 1).

8.
CONTRADICCIONES EMERGENTES

Mientras la fantástica mezcla de representaciones oficiales sobre la masacre de Panzós –del presidente, el ministro de Defensa, los soldados heridos y el INTA– dominaba la cobertura mediática, la misma también empezó a ser rebatida. Las contradicciones de la historia oficial fueron desafiadas por las historias que presentaban los relatos de los sobrevivientes de la masacre, por reportes de investigaciones que contenían entrevistas a testigos y por periodistas que exponían la militarización de Panzós –una acumulación militar de la que los mismos periodistas fueron testigos mientras cubrían la historia–. El 2 de junio de 1978 *La Nación* publicó "Panzós: sangre, duelo y misterio. Tres versiones sobre causas y motivos de la tragedia" (3).

Primera versión:
"Para mí el causante principal de la masacre es el INTA, entidad que no ha sabido repartir con equidad las tierras del estado. Éste ha permitido que líderes del campesinado acumularan odios que culminaron en una desgracia que afecta a mi corazón, porque soy de esta tierra y además, su autoridad máxima". Walter Overdick, alcalde municipal.

Segunda versión:
"Tropas del Ejército tuvieron que hacer uso de sus recursos, pues no quedaba otra cosa ante una turba de 500 campesinos armados de machetes y palos que al no escuchar razones, prácticamente prendieron la chispa de lo ocurrido, que para la institución armada es lamentable. Estoy seguro que en ese momento no se defendió ni a capitalistas como se dice, ni a las autoridades municipales, sino simplemente existió el instinto de defender cada quien su vida con lo que tenía a mano, y comprensible es que una ametralladora es superior a cien machetes." Coronel Valerio Cienfuegos, comandante del área (de las tropas que ocuparon Panzós).

Tercera versión:
"Nuestro padre murió acribillado por los soldados, cuando se dispuso ir a la alcaldía a reclamar derechos de tierras que necesitamos. Hemos oído que los muertos son 35, pero mentira, mentira, porque son más de cien. Vivimos arribita del cementerio donde metieron a los muertos en un gran hoyo. Los trajo un camión de palangana del Ejército, los mismitos que dispararon contra nosotros, pero Dios es grande y habrá justicia." José y Juan Cus Tut, hijos de Sabino Cus.

En septiembre de 1997, cuando los arqueólogos de la Fundación de Antropología Forense de Guatemala (FAFG) realizaron las exhumaciones en las fosas comunes en el cementerio mencionado por los hermanos Cus, entrevisté a sobrevivientes de la masacre en la casa de la viuda de Sabino Cus. Ella aún vivía arriba del cementerio. La viuda me contó de la masacre, el impacto que le produjo la pérdida de su esposo y la lucha de las viudas de Panzós. Mientras hablaba, se doblaba sobre sí misma abrazándose el abdomen. La historia de la masacre de Panzós no tiene final. La violencia indiscriminada del 29 de mayo de 1978 fue seguida de una violencia selectiva, sin fin, contra los que sobrevivieron a la masacre y en contra de los líderes locales (algunos de los cuales, estaban, sin duda, en la lista de nombres mencionados por el general). "Don Flavio se enojó con la gente por pedir tierra", explicó ella. "Él siempre comunicaba con el Ejército. Porque él contrató con el Ejército, ellos mataron todos que pidieron tierra, todos que organizaban el grupo el 29 de mayo. Al principio, asustaron a todos amenazándolos con tratos crueles. Después, solamente los mataron". Ella describió la desaparición de su hijo Juan Cus Tut en febrero de 1983. Para la viuda Cus, así como para otras viudas de Panzós, la masacre no fue un hecho aislado que terminó en la plaza, como afirmó el Ejército. Más bien, fue parte de un *continuum* de violencia que quitó la vida de su esposo, así como la de su hijo (Panzós, Testimonio No. 6, 10 de septiembre de 1997).

En su trabajo sobre historia oral, Alessandro Portelli se refirió a este tipo de conflictiva construcción de la memoria y de la historia de un evento dado como parte derivada de la "gramática del tiempo" utilizada por aquellos que dieron forma y sustancia a la historia, ya sean éstas versiones oficiales o populares. Explica:

El tiempo, tal como lo conocemos, es un *continuum*; un evento, por otro lado, es concebido como puntual y discreto. Los eventos son identificados y localizados en el tiempo en términos de ejes lineales sintagmáticos (cronología), dos paradigmas verticales (simultaneidad temporal, singularidad formal) y sus combinaciones en el discurso histórico (1979: 99).

En cuanto a la masacre de Panzós, la importancia de la "gramática del tiempo" de Portelli consiste en que, mientras que el Ejército creó una "zona de debate" oficial (la cual fue ampliamente reproducida por la prensa) delimitando la masacre de Panzós como un evento singular en el discurso público (ahora histórico) dentro de una cronología de un continuo temporal, los sobrevivientes de Panzós localizan el tiempo, la masacre y la violencia que le siguió en un continuo singular referido popularmente como La Violencia. Igual que la masacre, La Violencia representa más que una marca histórica de un período de extrema violencia. Representa el *continuum* de la experiencia de violencia real vivida y al tiempo mismo.

De este modo, la "gramática del tiempo" de Portelli resulta útil para entender los discursos sobre memoria en la construcción de la historia, en tanto sitio clave de la lucha política en Guatemala, tanto en el presente como en el pasado.

Subrayando la situación de vida de los q'eqchi's de Panzós y distanciándose a sí mismo de cualquier responsabilidad, el alcalde Overdick dijo: "Para mí los campesinos tienen toda la razón del mundo en pelear sus tierras que les pertenecen." (*La Nación*, 2 de junio, 1978: 3). Enfatizando el rol que el INTA jugó en los conflictos de tierras en Panzós, Overdick explicó que además de los técnicos incompetentes que llevaron adelante las políticas del INTA, los mismos procedimientos para la distribución de la tierra bajo las regulaciones del INTA fueron tan complicados "que ni los que sabemos leer y escribir porque hemos cursado la primaria y secundaria, entendemos" (3). Dirigiéndose específicamente al tema de la responsabilidad por la masacre, Overdick, expresó: "En cuanto a quién tuvo la culpa ... puedo decir que finqueros de esta zona han pedido protección a los elementos del Ejército para defenderse de cualquier invasión de sus propietarios" (3). Estas temibles invasiones fueron invasiones de la imaginación, debido a la extensión que tomó el activismo campesino que hasta ese momento había estado limitado a la organización política, a las peticiones al INTA, a las reuniones con el alcalde y a las manifestaciones pacíficas en la plaza.

Juan Cus Tut le dijo al mismo reportero de *La Nación* que tanto su familia como otras familias campesinas habían ido a la plaza a pedir tierras: "... varios campesinos nos pasaron a traer para ir a la alcaldía donde sabíamos que tenían una nota que resolvía el problema". Explicó que: "Todo esto nos dijeron los hermanos Maquín y si lo creímos fue porque ellos han llevado siempre la voz en las comunidades". De acuerdo con Cus Tut, el momento de la provocación vino cuando: "La Mamá de Juan Maquín empujó a un soldado para pasar y éste no la dejó. Fue cuando saltó uno de los hijos de la señora para protegerla y la respuesta fue que el soldado disparó su fusil frente a la señora y la mató." (2 de junio de 1978, 3). Cuatro años después de que su madre, Mamá Maquín, fuera asesinada por los soldados en la plaza de Panzós, Juan Maquín fue también asesinado, en agosto de 1982 (ODHA, 1998, 4: 238).

Los soldados que estuvieron en la escena de la masacre proveyeron idénticas descripciones de los incidentes que condujeron a la masacre. Sin embargo, en lugar de bloquear la entrada a la oficina del alcalde, ellos dijeron que "se protegieron en el corredor, hasta donde entraron los campesinos que los golpearon varias veces... Mamá Maquín le dio un garrotazo al subteniente al mando de la tropa y entonces fue cuando los soldados abrieron el fuego en defensa de sus vidas" (*El Gráfico*, 2 de junio, 1978: 5). De este modo, el hecho de que unos 60 soldados portando ametralladoras abrieran fuego sobre la población civil intentó justificarse explicando que una abuela anciana había golpeado a un subteniente con un palo.

9.

LA TEORÍA DE LOS
AGITADORES EXTERNOS

Un artículo del 2 de junio de *El Gráfico* reproducía declaraciones del alcalde Overdick:

"Estos campesinos obedecen consignas extrañas... pues siempre han sido pacíficos. Es más, entre la columna había muchos hombres que aun vistiendo ropas de campesinos eran 'fereños' y ellos fueron quienes instigaron a los campesinos. Pero esto realmente es el final de muchas demostraciones que habían realizado los campesinos. Desde hace tres meses estuvieron manifestando en grupos de doscientos o trescientos... a nuestro campesinado se le han inculcado ideas racistas por la gente extraña que está azuzándoles. Ahora piden que las autoridades sean indígenas y hasta piden que el presidente de la República sea indígena. No quieren nada con los ladinos y hasta los han amenazado." (*El Gráfico*, 2 de junio de 1978, 5).

Dada la insistencia oficial en que los q'eqchi's fueron instigados por personas ajenas a la comunidad (presumiblemente no mayas) y que cualquier organización popular externa que pudiera haber estado involucrada en Panzós habría sido conducida y organizada por los ladinos, resulta extremadamente improbable que los campesinos q'eqchi's reunidos en la plaza adoptaran un discurso nacionalista maya en 1978. En aquel momento el liderazgo mayoritario de los grupos populares y de los insurgentes estaba dominado por los ladinos. Con o sin el apoyo de organizaciones populares, las comunidades campesinas tendieron a organizarse en torno a un discurso de clase basado en la necesidad de tierras de los campesinos, más que en uno que hiciera referencia a la cultura indígena. No obstante, en este mundo ladino habitado por campesinos q'eqchi's que obedecen a "consignas extrañas", por personas ajenas "vistiendo ropas de campesinos" y por q'eqchi's que podrían haber tenido la audacia de querer representación, el alcalde reconoció –en alguna medida– la raíz de la causa de la protesta razonando que "sólo la justa repartición de las tierras en el área puede evitar nuevos hechos de violencia como el ya conocido" (*El Gráfico*, 2 de junio, 1978: 5).

"Subversores Disfrazados Lanzaron a los Campesinos a Chocar con Soldados" decía el 2 de junio el titular del *Diario de Centro América*. La idea de "subversivos vestidos como campesinos" utilizando "consignas extrañas" es, nuevamente, presentada aquí por el alcalde, quien esta vez "confirmó la versión proporcionada desde un principio por Relaciones Públicas del Ejército" (*Diario de Centro América*, 2 de junio de 1978: 5). Repitiendo, quizás, la nueva versión del Ejército sobre la masacre de Panzós, él estaba todavía presentando una interpretación no oficial en la cual reconocía una vez más que "la presencia del Ejército aquí se debe a que mucha gente pidió personalmente que el Ejército viniera a ver la tranquilidad del lugar, porque se daban cuenta de que aquí se me amotinaban trescientos, cuatrocientos campesinos..." (1978: 5). "Mucha gente" alude a los finqueros ladinos del lugar que se reunieron la semana anterior a la masacre para pedir apoyo al Ejército.

El alcalde hizo dos aclaraciones importantes: (1) mientras, por un lado, afirmó que era "completamente falso" que había mujeres y niños entre los masacrados, dos oraciones después, dijo: "Sí murieron seis mujeres y entre las mujeres había dos menores de edad, calculo yo que de unos quince años"; y (2) que "se ha acostumbrado últimamente que cualquier persona, sólo porque medio enseñan a leer y escribir, ya viene a fungir como catequista de la Iglesia católica o como pastor evangélico". Indicó que "estos falsos padres o pastores se vuelven líderes en sus distintas comunidades y después ya no resultan predicando la Biblia sino ya resultan siendo líderes agrarios" (*Diario de Centro América*, 2 de junio de 1978: 6).

Es interesante notar que el análisis del alcalde —acerca de quiénes pueden volverse catequistas o líderes agrarios— también está basado en la teoría del "agitador externo" —en este caso sacerdotes o pastores "falsos"—. Esto refuta tanto la realidad material como las necesidades que condujeron a los campesinos mayas a organizar sus comunidades y, simultáneamente, fracasa en reconocer que el alfabetismo limitado de los mayas determina, en gran medida, quiénes pueden convertirse en líderes comunitarios, ya sean religiosos, agrarios o de otro tipo. Considerando que la mayoría de los mayas eran monolingües, aquellos con alguna competencia en español fueron quienes tuvieron mayores probabilidades de convertirse en líderes y en intermediarios culturales de sus comunidades –tal como ocurrió cuando se establecieron los comités agrarios locales durante el mandato de Árbenz–.

10.
"EL PUEBLO REPUDIA LA MASACRE DE PANZÓS"[11]

Una marcha de protesta organizada por los sindicatos, las organizaciones estudiantiles, los líderes eclesiásticos y otras organizaciones populares fue divulgada en un artículo de la página 4 de *La Nación* del 2 de junio de 1978. Se informaba que en la marcha del 1 de junio de 1978, entre 12 mil y 15 mil representantes de diversas organizaciones condenaron "la masacre de Panzós" –cita que el diario tuvo mucho cuidado de mantener entre comillas–. Los manifestantes exigieron el fin de la violencia del estado en Panzós y en toda Guatemala. Dijeron que iban a seguir con sus protestas hasta que la masacre fuera completamente investigada. Una foto adjunta al artículo mostraba a los manifestantes concentrados enfrente del Palacio Nacional con pancartas y carteles bajo la lluvia. Una pancarta decía: "Ejército Asesino", otra decía: "Contra La Represión Fascista, La Organización Popular" (*La Nación*, 2 de junio de 1978: 4).

La Tarde también tenía una foto de los manifestantes con el titular "Paraguas en mano... Manifiestan ayer" al lado de un artículo resumiendo una conferencia de prensa del gobierno, en la mañana del 1 de junio, des-

---

11. Eslogan de la manifestación del 1 de junio de 1978 en la capital de Guatemala (*La Nación*, 2 de junio de 1978: 4).

pués de la manifestación. El mayor Rolando Archila Marroquín de la oficina de Relaciones Públicas de la Presidencia dijo que: "(1) en los lamentables incidentes ocurridos en Panzós hubo provocación de parte de quienes resultaron víctimas" y (2) "no consideró necesario que se integre una comisión nacional especial" (*La Tarde*, 2 de junio de 1978: 3). Con la protesta terminada, los periódicos regresaron a su práctica de cubrir los comunicados y las conferencias de prensa del Ejército sobre Panzós.

El 3 de junio de 1978, *La Tarde* tenía tres breves, pero notables, artículos. Uno basado en entrevistas con trabajadores de salud, ladinos, de Panzós, los citaba diciendo que: "Entre los pobladores ladinos existió antes de los sucesos trágicos el temor de ser atacados por los indígenas marginados en la distribución de tierra que los ha llevado a una situación desesperante" (4). Otro artículo citaba al coronel Cienfuegos quien "acusó a los campesinos de apellido Maquín de ser los cabecillas del movimiento surgido en la zona" y además, aseguró que ellos tenían "el campo de entrenamiento ... a solo cinco kilómetros de la cabecera municipal". Cienfuegos "admitió que en el movimiento campesino existen dirigentes foráneos quienes los están asesorando en sus planteamientos para reclamar la tierra". También dijo: "varios finqueros están siendo amenazados de muerte, entre ellos Flavio Monzón, quien es propietario de cien caballerías de tierra" (*La Tarde*, 3 de junio de 1978: 4).

El tercer artículo era una lista de nombres de unos 27 campesinos q'eqchi's que habían recibido tratamiento en el centro de salud de Panzós por heridas recibidas en la masacre. Además del nombre, se incluía la edad y las heridas recibidas; todo lo cual hacía muy fácil su identificación. De los 24 hombres y 3 mujeres listados en este artículo de prensa, los nombres de 7 hombres y de 1 mujer aparecen en las listas de asesinados o desaparecidos del informe *Guatemala nunca más* (ODHA, 1998) (ver cuadro 6). Estas desapariciones o asesinatos, incluyendo el hijo de Mamá Maquín y el hijo de la viuda Cus, son significativas para comprender que la violencia selectiva representaba una campaña represiva coordinada y constante por parte del Ejército. En efecto, cuando el ministro de Defensa Otto Spiegler declaró públicamente que el Ejército tenía "en su poder ... una lista de nombres de líderes" (*Impacto*, 1 de junio, 1978: 3), estaba anunciando sus muertes.

Cuadro 6
HERIDOS EN PANZÓS POSTERIORMENTE
DESAPARECIDOS O ASESINADOS

Nombre	Edad en 1978	Herida	Desaparecido o Asesinado
Juan Ical	38	bala rodilla derecha	Desaparecido 1981
Víctor Choc	30	fractura fémur derecha	Desaparecido 1982
Mariano Ical	25	fractura rodilla izquierda	Desaparecido 1980
Candelaria Chub	35	bala en el tórax	Desaparecido 1980
Ricardo Bac Pec	25	bala flanco derecho	Asesinado 10/8/1983
Domingo Caal	40	bala en el cuello	Asesinado marzo 1982
Pedro Caal	58	bala pierna izquierda	Desaparecido 1980
Santiago Tzi	25	bala tercio distal fémur	Desaparecido 1982

Fuente: *La Tarde*, 3 de junio de 1978; ODHA, 1998, 4: 142, 308, 334, 345, 362.

Seis residentes de Panzós heridos en la masacre fueron trasladados al hospital militar en Guatemala para tratamiento (*El Gráfico* el 7 de junio de 1978, 4). De ellos, Santiago Sep Caal, de 15 años en 1978, fue desaparecido en 1987 (ODHA, 1998, 4: 334).

El 7 de junio de 1978 *El Gráfico* informó de una conferencia de prensa convocada por la Asociación de Estudiantes Universitarios (AEU) en la que los líderes estudiantiles "demandaron la renuncia del general Otto Spiegler", porque "lejos de investigar la masacre de Panzós y castigar a los responsables directos, ha justificado la acción militar" (3). En la esquina superior derecha de la página aparece una foto de los líderes estudiantiles, y debajo de ella sus nombres: Edgar Canahuí, Alfredo Baiza, Oliverio Castañeda de León, Iduvina Hernández y Héctor Alirio Interiano (3). Al día siguiente, 8 de junio, hubo una protesta aún más grande que la de la semana anterior. *El Gráfico* incluía dos fotos y un artículo corto: "Sin incidentes la manifestación de ayer" (5). La marcha fue tan grande que "más de una hora tardó en pasar frente al Palacio Nacional". Los manifestantes denunciaron la masacre en Panzós y también conmemoraron el asesinato del abogado laboralista Mario López, el año anterior. Una pancarta en una de las fotos tiene un mapa de Guatemala con una calavera en medio y el texto: "Guatemala ´78 – SEDE TORNEO MUNDIAL DE ASESINATOS". El artículo, breve y vagamente descriptivo, concluye informando que tres buses llenos de campesinos de Escuintla, en camino a la manifestación fueron detenidos por las fuerzas de seguridad y se les impidió continuar hacia la capital (*El Gráfico*, 9 de junio de 1978: 5).

Solo cuatro meses después, el líder estudiantil Oliverio Castañeda de León fue asesinado, ametrallado, en pleno día en el centro de la capital, en la tarde del 20 de octubre de 1978 (ODHA 1998, 4: 166). Héctor Alirio Interiano y Alfredo Baiza, también en la foto de *El Gráfico*, fueron desaparecidos en 1980 y 1984, respectivamente.

La historia oficial de la masacre de Panzós fue comunicada a la sociedad guatemalteca a través de los medios de comunicación. A pesar de la escasa cobertura dada a las interpretaciones no oficiales en las noticias, el Ejército no podía definir totalmente, ni establecer límites absolutos en la zona pública del debate. Solo tres días después de la masacre, cerca de 15,000 guatemaltecos manifestaron en contra de la represión. Entonces, la zona de debate fue redefinida en un terreno de rivalidad por el poder político entre la fuerza del Ejército, dominante, y la lucha del movimiento popular. Para el Ejército, Panzós llegó a ser una metáfora de la Guerra Fría, reforzando su ideología anticomunista, en la que toda disidencia era una amenaza a la institución y producto de una conspiración comunista. Para el movimiento popular, Panzós era una metáfora del Ejército como una institución de asesinos al servicio de las elites. No obstante, las voces de las víctimas y los sobrevivientes de la masacre de Panzós estaban ausentes en ambas construcciones. Especialmente ausentes estuvieron las monolingües viudas q'eqchi's.

Mientras que la represión en el resto de Guatemala se intensificó, Panzós permaneció como una marca histórica clave de La Violencia, tanto para el Ejército como para las organizaciones populares. Para las

víctimas y sobrevivientes de Panzós, sin embargo, la
masacre fue una parte de su continua experiencia de
dolor personal, familiar y comunal.

Capítulo Tres
Etnografía de un Cementerio Clandestino

"Quizás lo único que uno puede esperar, a lo que yo tengo derecho, es no más que eso: a escribirlo. A reportar lo que yo sé. Para que no sea posible que alguien diga: Yo no sabía nada."

Andre Brink, *A Dry White Season*

Introducción

Los primeros artículos de la prensa reportando la masacre de Panzós hablan de 34 personas como la cifra oficial de muertos. Luego, con testimonios de sobrevivientes y el arribo de periodistas a Panzós, algunos diarios empezaron a incluir el total estimado por los campesinos sobrevivientes, de 100 muertos; cifra ésta que después de la manifestación del 8 de junio fue asumida por las organizaciones populares y otras en la oposición democrática. Entre 1978 y 1997, la cifra de 100-200 víctimas aparecía una y otra vez en relatos populares y académicos, y en otras referencias a la masacre.[1] Así, cuando la Fundación de Antropología Forense de Guatemala (FAFG) realizó

1. Véase Williams (1994: 148); Levenson-Estrada (1994: 142); Watanabe 1992:250); Arias (1990: 250); Wilson (1995:

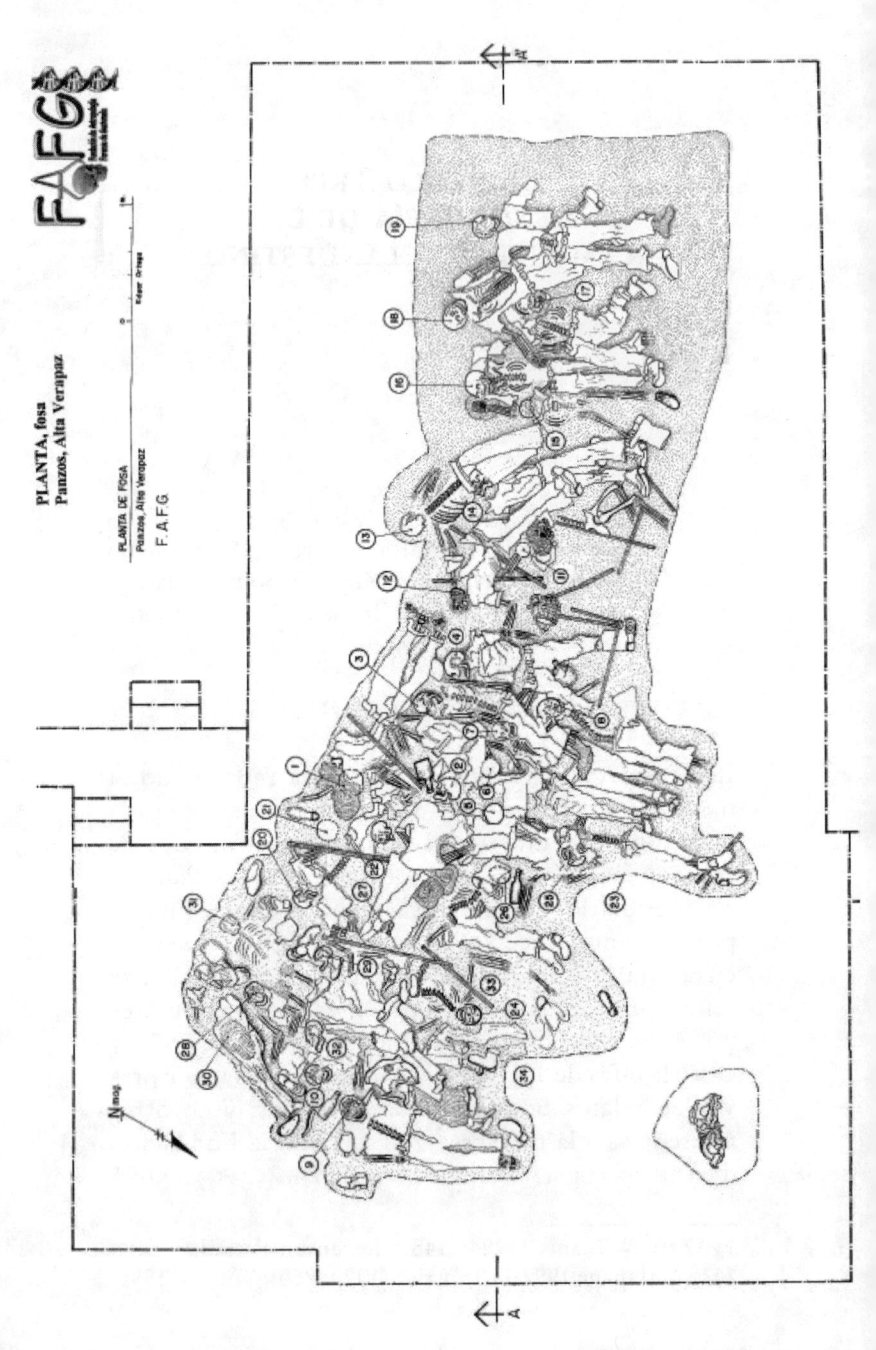

PLANTA, fosa
Panzos, Alta Verapaz

PLANTA DE FOSA
Panzos, Alta Verapaz
F.A.F.G.

su visita de inspección al cementerio clandestino en Panzós en julio de 1997, el conocimiento popular de la masacre hablaba de 200 víctimas.[2]

Panzós es un pueblo en las tierras bajas de Alta Verapaz. Desde la capital, en 1997, el viaje requería, primero, de unas cinco horas en carro para llegar a Cobán, Alta Verapaz. Luego, empieza el descenso de las montañas frescas de Cobán hacia el calor y humedad opresivos en el valle de las tierras bajas. Había que cruzar 36 pequeños puentes de madera, 93 arroyos pequeños o drenajes, tres ríos pequeños sin puentes y dos ríos grandes con puentes muy viejos; uno de los cuales fue construido, después de la solicitud hecha por cafetaleros en 1883 por la compañía Passaic Rolling Mill de New Jersey. Esta ruta es relativamente fácil si ninguno de los puentes se daña. En nuestro primer viaje a Panzós, uno de los pequeños puentes de madera colapsó bajo el peso de un camión grande cargado de cemento. Nosotros encontramos un camino alterno, cruzando unos arroyos sin puentes y entrando a un potrero con unas pocas vacas, sin árboles e inundado, hasta ubicar un sitio en el río donde pudimos cruzar sin necesidad de puente.

---

218); y Aguilera-Peralta (1981: 200); Montejo (1999: 40); Zur (1998: 69).

2. A petición de la FAFG, desarrollé la metodología y encabecé la investigación para la reconstrucción histórica de la masacre en Panzós, Alta Verapaz, y Acul, Nebaj, Quiché (FAFG, 2000). Esta metodología luego fue replicada en dos investigaciones más por la CEH en Chel, Chajul, Quiché, y Belén, Sacatepéquez. En mayo y junio de 1998, escribí la reconstrucción histórica de las masacres en Panzós y Acul, y supervisé la producción de los informes sobre Chel y Belén. Luego fueron entregados como informe final a la CEH.

El río Polochic y sus docenas de tributarios dominan el paisaje. El agua azul y transparente de los arroyos corta el pasto y pule las piedras. El clima es tan húmedo y caliente, y la tierra tan fértil, que los muros del río están cubiertos de un follaje verde vibrante del que cae agua. En cualquier dirección que uno mire está el pasto verde cercado por alambre espigado, que evita que el ganado –propiedad de los terratenientes ausentes– se escape. El ganado come libremente. De vez en cuando se ve un ranchito humilde en medio del pasto, o al lado; pero siempre junto a un árbol, cuando lo hay. La carretera de tierra de Cobán a El Estor corta ese escenario. Aunque no es visible en la mayor parte, la carretera corre paralela al lago de Izabal. Los canales de agua sobre el suelo lo dejan tan saturado, que el vapor se eleva visiblemente desde la tierra durante el día. En la distancia, más allá del lago, se ven las montañas secas y tostadas de la sierra de Las Minas, en contraste con el agua azul de los arroyos, riachuelos y ríos que recorren la tierra sin consideración alguna por cercas, carreteras o puentes.

Un ingeniero que trabajaba en proyectos de desarrollo en la región de Panzós entre 1978 y 1981 también recuerda los ríos y sus orillas húmedas y verdes. Pero su recuerdo también está acompañado de cadáveres. Recuerda que a veces había tantos cadáveres en el río, que frenaban el flujo de agua, creando un embudo que era como un remolino de cuerpos llevados por la corriente del río: "Todos los días, cuando iba al trabajo, pensaba que eran los mismos cuerpos pasando por el río, aunque yo sabía que eso no era posible. Solamente es que eran tantos, que era demasiado pensar que cada uno de esos remolinos tenía hombres y

mujeres, muertos, distintos a los del día anterior."
(Testimonio GC-2, 3-9-97).

Diez y nueve años después de la masacre, miembros
de la FAFG, el fiscal del Ministerio Público en Cobán
y su asistente viajamos a Panzós en una visita preliminar
al sitio para recabar información para la investigación
forense y los procedimientos legales planificados por
el fiscal. Estábamos acompañados por dos representantes de la Misión de las Naciones Unidas en Guatemala
(MINUGUA) y cinco miembros de las Fuerzas de Respuesta Inmediata (FRI). Los miembros del FRI vestían
sus uniformes negros de gruesa tela de algodón pesado,
con gorros de lana, ropa adecuada para el clima fresco
del altiplano, pero no para el húmedo calor de las tierras bajas. Cada uno de ellos, originarios de Zacapa
y Jutiapa, llevaba una ametralladora, una pistola y
otras armas livianas. El fiscal había pedido la presencia
de "los FRI" porque había recibido amenazas de muerte
de parte de los representes legales de unos terratenientes
de Panzós, por haber llevado adelante un caso que
implicaba en el asesinato de un maestro a los hijos de
Flavio Monzón.

Al llegar a Panzós, más de 200 viudas de entre 35
y 70 años nos esperaban en la entrada del cementerio.
De inmediato les explicamos que "los FRI" nos habían
acompañado para ayudar al fiscal y que no debían
tener miedo de ellos. Caminamos acompañados de
hombres y mujeres, la mayoría de avanzada edad, el
fiscal, los representantes de MINUGUA y los cinco
"FRI" con sus ametralladoras, hasta el sitio de la fosa
común encima de una loma desde la cual se puede
ver el cementerio municipal, cerca de la entrada
occidental de Panzós. La aprehensión inicial de los
FRI se disipaba y las viudas parecían sentirse satisfechas

de que gente "tan poderosa" les estaba apoyando en la exhumación. En el grupo de viudas había hombres adultos y jóvenes que quedaron huérfanos durante La Violencia y también ancianos que perdieron a sus hijos. La edad media del grupo era cercana a los 60 años, y varios hombres y mujeres pasaban de los 60. Las mujeres jóvenes tenían entre 40 y 50 años. Había un viuda de 35 años, que tendría 15 años y estaba embarazada cuando murió su esposo en la masacre. Una ausencia notable era la de hombres entre 45 y 60 años, que fueron las víctimas directas de la masacre en la plaza y de la ola de desapariciones y asesinatos posterior.

En el punto más alto de la loma estaba el cementerio clandestino, marcado con una cruz hecha de rieles de ferrocarril y encalada. Al casi nada más llegar, las 200 viudas empezaron a dar su testimonio sobre el día de la masacre, mientras lloraban. Circunstancia que nos hizo tomar testimonios, aunque no era ese nuestro objetivo para tal día, sino localizar y medir el sitio de la fosa y recabar información básica sobre las circunstancias de la masacre, nosotros escuchábamos a cada viuda que hablaba. Tratamos de dar consuelo a los hombres y mujeres que sollozaban mientras relataban cómo habían presenciado cuando el Ejército mató a sus hijos y esposos.

Una mujer joven hablaba con firmeza y lloraba mientras narraba cómo había sobrevivido y cómo, a los 12 años de edad, vio el asesinato de su abuela, Mamá Maquín, en la plaza:

> "Allí vi a la gente que se estaba muriendo, que estaba cayendo. Había unos que me caían encima, y las balas pasaban sobre mi rostro. Me tiré al suelo, sobre el pavimento. Me hice la muerta, me fui boca

abajo. Allí estaba yo entre los que ya no se movían."
(Panzós, Testimonio No. 3, 25-julio-97).

Luego, cada sobreviviente dio un paso adelante
para manifestar su deseo de dar su testimonio sobre
la masacre. Explicamos al grupo que escucharíamos
cuidadosamente a cada uno de ellos cuando regresáramos para hacer la exhumación, y que sabíamos que
tenían mucho que compartir con nosotros y que se
necesitaría de varios días para escucharlos a todos.
Después, nos reunimos en un pequeño salón comuni-
tario, con poca luz, para explicar con diapositivas en
qué consiste el proceso de la exhumación y para responder cualquier pregunta que tuviesen los testigos
y sobrevivientes. Hicimos una presentación sobre las
exhumaciones hechas en otras partes de Guatemala,
para explicar el proceso arqueológico y logístico y
también para preparar a los sobrevivientes para lo
que iban a ver cuando exhumáramos a sus seres queridos. Todos escucharon con mucha atención, en
silencio. Al final de la presentación, en lugar de hacer
preguntas, varias decenas de personas (la mayor parte
madres y padres, ancianos) se levantaron mostrando
las cédulas y otros documentos de identificación de
sus hijos desaparecidos y asesinados. Ellos querían
empezar ya la investigación.

Una vez más, les explicamos que recogeríamos
toda la información cuando regresáramos para la
exhumación. Cuando salimos de Panzós, nos sentimos
extremadamente satisfechos con la reunión y la intensa
participación de la comunidad. Más de 200 viudas
asistieron a la reunión, reconfirmando así la cifra de
200 víctimas de la masacre. Días después, un trabajador
religioso que estuvo en Panzós el día después de la

masacre y había trabajado en la localidad por varios años, sonrió con satisfacción cuando le contamos de las 200 viudas asistiendo a la reunión; y dijo: "Hasta hace poco, la que reinaba en Panzós era la violencia y el silencio." (Panzós Testimonio No. 3, 7-29-97).

Todo lo anterior se hizo con el apoyo de traductores porque muy pocos de los q'eqchi's en el grupo hablaban español.

1.
TESTIMONIO Y
EXCAVACIÓN DE LA MEMORIA

Dos meses después, cuando regresamos a Panzós para empezar la exhumación en septiembre de 1997, las mismas viudas nos estaban esperando. Dos traductores nos acompañaron. Para tomar los testimonios y realizar las entrevistas, organizamos dos áreas privadas en una casa cercana al cementerio: con techo de paja, paredes de tablones de madera y trozos parecidos a bambú, y piso de tierra. La falta de muebles hacía que el único cuarto se sintiera muy espacioso. En una esquina de la casa había una cama de tablones. Cruzando el cuarto, diagonalmente, había una hamaca. Junto a la pared de la puerta, había una pequeña mesa cubierta con un pedazo de plástico adornado con flores: unas candelas, las flores en un envase de Coca-Cola, la imagen de un santo y unas latas viejas y ennegrecidas por el humo del copal transformaban la humilde mesita en un altar. Una mesa sencilla con un banco marcó nuestro espacio de trabajo. La mesa del centro de la casa la movimos a una esquina vacía. Sólo cuando entraron los rayos del sol de la tarde y lo sentimos a través de la pared de bambú, entendimos por qué ese lado de la casa estaba vacío: el calor era más intenso en la oscuridad de la casa que afuera de la misma.

Antes de iniciar el trabajo en el cementerio y de tomar testimonios de los sobrevivientes, fuimos a las oficinas municipales para reunirnos con el alcalde y otros funcionarios públicos de Panzós. Pedí los libros de registro de defunciones de 1978 y empecé a revisarlos con otro colega. Los registros revelaban que el 29 de mayo de 1978, Edeliberto Asig –entonces, y todavía en 1997, jefe local de la policía–, y el entonces alcalde Walter Overdick registraron 24 muertes como "XX", sin nombre, con las nueve de la mañana como hora de muerte, y "balas" como la causa de muerte (*Registro de defunciones de Panzós*, 29 de mayo de 1978, 4). Nosotros nos preguntamos qué pasó que no fueron registrados los otros 176 muertos en la plaza. Revisamos y anotamos los datos pertinentes de muertes antes, durante y después de mayo de 1978 (*Registros de Defunciones*, 1978-1985, 24-27).

Esa misma mañana, cuando regresamos a la casa para tomar testimonios, un líder local que hablaba bien el español estaba dando un discurso a las viudas, en q'eqchi'. Afuera de la casa, uno de nuestros traductores tradujo el discurso: "Ustedes son viudas. Son mujeres. No entienden estas cosas. No vamos a tener ninguna contradicción aquí. No va a haber contradicciones. No digan lo que escuchaban. No digan lo que alguien les dijo, no importa quién lo dijo. Solamente digan lo que ustedes vieron. Si no lo vieron, no pasó. ¿Me entienden?" También les dijo que las entrevistas iban a ser públicas, no privadas. Interrumpimos su discurso y lo invitamos a hablar con las viudas en otra oportunidad, porque nosotros teníamos que trabajar. Como todavía no conocía bien las estructuras de poder local, decidí no enfrentarlo directamente.

Yo estaba preocupada por el daño que tal discurso pudiera causar a nuestro trabajo de recabar información. Decidí que la mejor táctica para enfrentarlo era responder indirectamente a lo que había dicho, porque nadie adentro de la casa sabía que nosotros estábamos enterados de lo que él había dicho en q'eqchi'. Así, como es la práctica de la FAFG, empecé la mañana explicando el proceso a seguir para tomar los testimonios: que iban a ser privados, no públicos; individuales, no colectivos. También expliqué que toda la información compartida con nosotros sería confidencial y que usaríamos la información de los testimonios y las entrevistas para nuestro informe a la Comisión para el Esclarecimiento Histórico, al Ministerio Público y en algunas publicaciones, pero que no íbamos a identificar testigos con su nombre. Las viudas inclinaron sus cabezas en señal de acuerdo conmigo y entre ellas mismas. En las entrevistas individuales, desde ese primer día, la mayoría de los sobrevivientes de Panzós expresaron su deseo para que se usara sus nombres reales. Hombres y mujeres coincidieron con lo que afirmó un testigo: "¿Qué me puede pasar? Mataron a mi hijo. No tengo nada. Queremos justicia. ¡Apuntá mi nombre!" (Panzós Testimonio No. 1, 6 de septiembre de 1997).

A pesar de que he usado los nombres de la viuda Cus y María Maquín, hay muchos otros nombres que he reemplazado con seudónimos, aunque pidieron que usáramos sus nombres. Ello obedece a que la casa de la viuda Cus fue un lugar usado para reuniones públicas durante la exhumación y María Maquín ha sido mencionada en artículos de prensa nacionales e internacionales, en tanto que las otras personas no son conocidas públicamente; dieron sus testimonios en privado y, en ciertos casos, clandestinamente. Hacer público el nombre de quienes dieron los testimonios, todavía podría poner a estas personas bajo riesgo.

El hecho de dar testimonio es una experiencia emocionalmente pesada. Cuando las personas dicen: "No tengo nada que perder. Apuntá mi nombre", están afirmando una posición de desafío en el presente ante el dolor y la impotencia del pasado. En lugar de debatir los posibles riesgos de usar sus nombres reales (lo cual se reconoce cuando se dice 'no tengo nada que perder'), yo sugiero que eso lo platiquemos luego. A veces, hablamos sobre esto al final de la entrevista. Lo usual es que me busquen días después para avisarme que han decidido que prefieren no usar su nombre. La mayoría de las veces, pensándolo bien, expresan miedo del riesgo no para ellos mismos, sino para sus familiares o vecinos. Y como yo siempre pregunto a quienes entrevisto si tienen un nombre que les gustaría usar como seudónimo, ponen mucha consideración para escoger un nombre que tienen sentido para ellos, y muchas veces es el nombre de un pariente o amigo que murió en La Violencia. De quienes me han pedido usar su nombre y no sigo en comunicación, he escogido equivocarme por el lado seguro y usar un seudónimo.

Finalmente, aunque la mayoría de sobrevivientes con quienes hablé tarde o temprano escogieron el anonimato, ni uno solo me pidió que no usara su testimonio. En efecto, cuando piden anonimato, los sobrevivientes hacen énfasis en la urgencia de su historia y la importancia de que sea conocida. Como me expresó doña Juanita cuando decidió no usar su nombre: "Tengo miedo de lo que puede pasar a mis hijos si uso mi nombre. Pero si usted necesita mi nombre para dar fe de mi testimonio, entonces le doy mi permiso" (Panzós, Testimonio No. 7, 7 de septiembre de 1997). Mientras que los sobrevivientes hablan por razones diferentes, comparten el deseo de aliviarse del dolor, de compartir sus experiencias vividas en La Violencia, y de buscar la validación de su experiencia de parte de quienes le escuchan.

Siempre está presente, sin duda, la esperanza de que su testimonio llegará a un público más amplio y habrá justicia.

En la tarde de nuestro primer día de investigación en Panzós, regresamos a los archivos municipales con otros miembros de la FAFG para revisar los registros y otros archivos. Cuando llegamos, nos informaron que el empleado municipal responsable de los archivos (los mismos que habíamos revisado esa misma mañana) se había ido de vacaciones y no regresaría sino hasta finales de octubre (en seis semanas), y que regresáramos en octubre para revisar los documentos. Pedí una cita con el alcalde y él me remitió con el secretario municipal (quien, como el jefe de la policía, parecía ser empleado permanente de la municipalidad). El secretario municipal me miró airadamente y su cara enrojeció de enojo cuando le expliqué que los archivos que estábamos pidiendo eran públicos, y que a ellos todos tienen acceso sin importar si hay o no vacaciones. Después de afirmar la legalidad de nuestra petición, pero tratando de no tener una confrontación con el secretario y perder los documentos para siempre, le agradecí su colaboración y admití que sería sumamente

penoso para los dos si representantes de MINUGUA
tenían que venir a buscar los documentos. Le pregunté
si quizá había otro empleado de la municipalidad que
pudiera buscar los documentos y así evitar una situación
embarazosa. Me pidió esperar mientras él buscaba a
otra persona para ayudarnos. Unos 20 minutos después, teníamos los mismos documentos que habíamos
revisado en la mañana. En el Libro de Actas, la página
con las actas de la primera reunión del consejo municipal
después de la masacre había sido meticulosamente
marcada con círculos de tinta azul cubriendo completamente todo lo escrito.

Algunos miembros de la FAFG se quedaron en la
oficina de la municipalidad para tomar notas de los
registros y yo regresé a la casita arriba del cementerio
con mi asistente Leonor y nuestros traductores, María
y Miguel,[3] para tomar testimonios. Por casi tres semanas, tomamos testimonios cada día desde las 7 de
la mañana hasta las 6:30 por la tarde, muchas veces
sin tener un descanso ni para almorzar, porque había
mucha gente esperando para contar sus historias.
Parecía que el número de gente esperando para dar
su testimonio nunca disminuía; llegaban a las 7 de la
mañana y esperaban hasta las 3 de la tarde para darlo.
Don Salvador, con su sombrero manchado de sudor
en la mano, esperaba desde las 7 hasta las 6 de la tarde
para asegurarse que su testimonio sería escuchado.
Cada día, mientras la tarde avanzaba yo miraba a la
gente esperando su turno para hablar y siempre había
más de 40 hombres y mujeres aguardando. Dejaban
su trabajo en el campo para esperar todo el día para
dar su testimonio, con una paciencia increíble, bajo

---

3. Seudónimos, los traductores pidieron anonimato.

el calor, sin comida, sin bebida, solo esperaban su turno para hablar.

Al poco tiempo de haber empezado a recibir los testimonios, Leonor, María, Miguel y yo estábamos compartiendo nuestros almuerzos con la gente durante las declaraciones, porque sabíamos que no importaba qué tan cansadas nos sintiéramos, la necesidad de ellos de hablar era más grande que la nuestra de descansar.

Al final del día, compartíamos entre nosotros para asegurarnos de que todos los datos pertinentes fueran incluidos en los testimonios. La humedad era tan grande que nuestra ropa estaba empapada. Nuestros mentes se entumecían por el calor y los testimonios de violencia sin fin. Pasamos los días tomando testimonios y conversándolos después, con el objetivo de comprender qué había pasado en Panzós.

En total, entrevistamos a casi 200 personas en Panzós y a unas más en otras partes del país. El primer día entrevistamos 18 personas y descubrimos que la mayoría venían para dar testimonio sobre sus esposos, hijos, hermanos o padres desaparecidos y no sobre seres queridos asesinados en la plaza.

2.
LA HISTORIA DEL SOBREVIVIENTE: ANA, JUANA Y ROSARIO

Doña Ana descansa su cara en sus manos y mira hacia un lugar lejano, mucho más allá del cementerio: "Sufrimos mucho. Dios mío, cómo sufrimos." Ella recuerda la violencia que selectivamente destrozó la interdependencia de las familias y las comunidades q'eqchi's y reemplazó el tejido social basado en la colaboración por la traición y el recelo. "En la madrugada, llegaron unos ladinos y unos q'eqchi's a nuestra casa. Eran q'eqchi's de aquí porque hablaron como nosotros hablamos, pero tenían sus caras enmascaradas. Los ladinos ni se cubrieron las caras". Parcialmente escondidos bajo la oscuridad de la noche, atravesaron la aldea silenciosamente, hasta que llegaron a la puerta de la humilde casa de doña Ana. Con una patada y un golpe con la culata de la ametralladora, la puerta se rompió y cayó haciendo mucho ruido. Tratando de proteger a su esposo, doña Ana se levantó de la cama y se paró entre los hombres armados y é. "Me tiraban al piso", dice con tristeza mientras agarra su estómago y se mece en la silla. "Amarraban a mi esposo y lo pateaban y le pegaban con sus armas". Doña Ana empieza a llorar mientras cuenta: "Lo llevaron". Luego, hace una pausa por un momento y respira profundamente, cambia su mirada y me mira directamente a los ojos, ella es fuerte, pero tiene miedo; me dice en voz baja, pero con firmeza: "El 'Canche' estaba con ellos." (Panzós, Testimonio No. 3, 6 de septiembre de 1997).

Mientras seca el sudor de su frente con una toallita, doña Juana se sienta a la mesa. Ha estado esperando casi ocho horas para dar su testimonio. Su piel tiene la palidez gris que acompaña a la tos de la tuberculosis. Empieza a hablar inmediatamente: "Mi hijo era catequista. Sabía cómo leer. Sabía escribir un poco. Ahora en nuestra comunidad, nadie sabe leer. No hay quien nos defienda. Mi hijo desapareció." Está desesperada, pero todavía tiene esperanza. Me pregunta: "¿Saben dónde se encuentran los restos de mi hijo?" Me siento impotente y casi inútil. Le explico que estamos exhumando los restos de las víctimas de la masacre en la plaza y que desafortunadamente no sabemos el destino o el sitio dónde enterraron a los desaparecidos. "Mi hijo estaba en la plaza", me dice, "Dios mío, cómo hemos sufrido aquí" (Panzós, testimonio No. 17, 7 de septiembre de 1997).

En 1978, a sus 55 años, don Manuel era el sacerdote maya más importante, y más anciano de su comunidad. Era un líder y guía espiritual respetado por todos en Panzós. Un año después de la masacre de Panzós, él y su esposa Rosario fueron despertados en la madrugada por el ruido de un motor de un *pick up* en la calle de tierra, enfrente de su casa. "Era muy oscuro, no había luna y no pudimos encontrar nuestra linterna. Escuché a mi hijo gritando afuera "'¡Papa! ¡Dios mío, Papa!', porque él escuchaba a los soldados rodeando la casa".

Los soldados subieron a la casa y jalaban a don Manuel, envuelto en la hamaca donde había estado durmiendo. "Lo golpearon y lo pateaban sin piedad", recuerda doña Rosario, "esa misma noche, los otros sacerdotes mayas también desaparecieron" (Panzós, testimonio No. 10, 7 de septiembre de 1997).

Edeliberto Asig, el jefe de la policía (también conocido como "El Canche") estaba implicado en la mayoría de las desapariciones. Según 12 testimonios, Asig participó en el secuestro de los que desaparecieron de sus casas o él los había amenazado poco antes de su desaparición (Panzós, testimonios 1, 2, 3, 9, 12, 19; 6 de septiembre de 1997; 3, 4, 7, 10 de septiembre de 1997; 8, 9, 13, 18 de octubre de 1997).

A medida que pasaban los días, crecía nuestro registro de víctimas, basado en los testimonios. Diariamente aumentaba el número de desaparecidos entre 20 y 30 y el de víctimas de la masacre entre 3 y 6. Cada día, un promedio de 43 sobrevivientes y testigos esperaban bajo el calor sofocante su turno para hablar sobre el efecto de la masacre en sus vidas. Muchos que ya habían dado sus testimonios regresaban con un pariente o vecino "para apoyar" a las viudas, víctimas y sobrevivientes. A veces regresaban supuestamente para compartir un nuevo dato que habían recordado. En la mayoría de casos, más que nueva información, ellos simplemente querían seguir hablando. El silencio había sido roto. Muchas dijeron: "Ya me siento aliviada. Quiero aliviarme un poco más".

3.
"UN AÑO DE MUERTE":
JUANITA, FELICIANA Y MAGDALENA

Doña Juanita compartió su tristeza mientras sea abanicaba bajo el calor. "Mi esposo murió en la plaza. Yo tenía 35 años y seis niños". Mira a la distancia y se frota el pecho: "Mi hijo murió porque yo le pasé mi tristeza y miedo por mi leche". Mira el piso de tierra y vagamente asiente con la cabeza y dice: "La masacre en la plaza mató a mi esposo y mi hijo". (Testimonio No. 7, 7 de septiembre de 1997). Levanta la cabeza para mirarme. Las lágrimas caen por su rostro y me cuenta del sufrimiento de sus hijos. "Maltiox", me da las gracias. Se levanta y me aprieta la mano antes de irse.

Después de doña Juanita, tres mujeres y un hombre dan sus testimonios. Doña Feliciana es mi decimoprimera entrevista del 7 de septiembre de 1997. Mira al piso cuando se sienta en la silla. Empieza a llorar aun antes de empezar a hablar. Tratamos de consolarla, aunque parece imposible. Miro hacia donde están las víctimas y los sobrevivientes que esperan por su oportunidad para dar su testimonio. Cuento unas 32 personas. Entre mis notas de las entrevistas del día, veo que he escrito: "¿Cómo vamos a poder llegar al final de esta fila de personas? ¿Qué podemos darles?"

Mientras le damos palmaditas cariñosas a doña Feliciana, en los hombros y la espalda, le ofrecemos una gaseosa y unas servilletas para secar sus lágrimas. Se compone. Se sienta con la espalda recta. Mira directamente a la grabadora y dice: "Mi papá murió en la plaza. Mi esposo sobrevivió, pero no completamente. Perdió su brazo en la ráfaga de balazos. Ya no puede trabajar la tierra. Desde entonces, sólo puede trabajar como cargador. Él carga hasta cien libras y sólo le pagan 80 centavos o un quetzal para cargar su bulto uno o hasta tres kilómetros." (Testimonio No. 11, 7 de septiembre de 1997).

Los padres y los hermanos de doña Magdalena sobrevivieron a la masacre en la plaza. Su esposo no tuvo la misma suerte. "Yo tenía 10 niños cuando murió mi esposo en la plaza. Pero ese año, muchas personas murieron", explica, tratando de dar un contexto a lo incomprensible, por hacer ordinario lo extraordinario. Hace una pausa, asintiendo con la cabeza y meciendo su cuerpo, dice: "Fue un año de muerte" (Testimonio No. 16, 7 de septiembre de 1997).

En cierto modo, sin tener en cuenta las memorias compartidas, los sobrevivientes y testigos tienen que dejar de lado su incredulidad, y así poder creer que el oyente de afuera —nacional o internacional, defensor de derechos humanos o académico— realmente puede comprender sus representaciones y memorias personales del terror. Luego, dando su testimonio o respondiendo a las preguntas de una entrevista, el testigo intenta representar conscientemente las memorias de terror que dominan su subconsciente y que siguen dando forma a los encuentros cotidianos, aun cuando el reconocimiento público del terror y de su memoria no existan. Como ha anotado Jorge Luis Borges: "Sólo el olvido no existe" (citado en Benedetti, 1995: 11).

Al tercer día de nuestra investigación, decidimos entrevistar primero a quienes darían testimonio sobre un pariente muerto en la masacre de la plaza, y luego a los que atestiguarían sobre parientes secuestrados, desaparecidos o asesinados después de la masacre. Hicimos eso porque los arqueólogos que hacían la excavación de la fosa común necesitaban la información que estábamos colectando, y además porque estábamos tratando de hacer una estimación del número de personas muertas en la masacre. Cada día, con mucha paciencia, los segundos esperaban hasta que no había más testimonios de la masacre, para que ellos pudieran dar sus testimonios. Los sobrevivientes de la matanza reafirmaban el derecho de los otros a dar su testimonio: "Sufrimos igual. Aquí, todos sufrimos".

4.
BUSCANDO DATOS Y ATESTIGUANDO

A pesar de la reorganización del proceso para tomar testimonios cada día sólo hubo unos pocos testimonios sobre la plaza. Adicionalmente, la nueva información sobre el día de la masacre era consistente con lo que ya se había dicho.

Mientras que los libros y artículos sobre la masacre reportaban que los soldados abrieron fuego en contra de un grupo grande de campesinos manifestando por tierra en frente de la municipalidad, nadie parecía saber quién había organizado la manifestación, o incluso si hubo una manifestación el día de la masacre. La cifra reportada de personas congregadas en la plaza varía entre 150 y 2000.

Hubo otro asunto que llegó a ser un tanto crítico como delicado: aunque los artículos de prensa, la propaganda política y los libros que documentaron la masacre de Panzós consistentemente informaron acerca del Ejército disparando en contra de una protesta campesina, esa no era la historia que nos estaban contando. Al terminar el primer día, ya no preguntábamos si las personas que habían muerto habían participado en la protesta en la plaza; era un "encuentro", al día siguiente era una "reunión". Cada vez era más claro que querían hablar de su miedo y dolor, lo cual queríamos escuchar, pero también necesitábamos hechos para nuestro informe a la CEH.

Al tercer día, cuando los antropólogos forenses continuaban preparando el sitio para la excavación, les dije que no creíamos que 200 personas murieran en la masacre, ni que hubiese 200 enterrados en la fosa. Yo estimaba que el número de víctimas sería tan bajo como 25 (con base en el Registro de Defunciones)[4] y tan alto como 65 (el que era un número medio al azar basado en doblar lo dicho en los testimonios), pero no más.

---

4. Registro de Defunciones de Panzós, Tomo 24, 1978.

En ese momento, la historia de la masacre cons-
truida a partir de los testimonios de sobrevivientes y
testigos era la siguiente: Entre 200 y 900 hombres,
mujeres y niños –la mayor parte hombres y jóvenes–
marcharon a la plaza con machetes y palos, posiblemente
blandiéndolos al aire. El estado de ánimo de los
miembros del grupo es indeterminado, algunos indican
que enojados y otros que contentos. Tampoco es clara
la intencionalidad del grupo. La gente estaba organizada
por un grupo no identificado de Panzós. Las personas
fueron a la plaza esperando que iban a recibir tierras.
Según unos relatos, el alcalde llamó a la gente
prometiéndoles que todos los que llegaran iban a
recibir tierra.

Nuestro informe para la CEH requería de una
revisión constante de los testimonios y, cada noche,
una disección y comparación de los momentos clave
presentados por los sobrevivientes. Mientras que la
exhumación de los restos esqueléticos proporciona
material para el análisis forense para determinar datos
como género, edad, identidad de las víctimas, la causa
de muerte y el método usado para disponer de los
restos, la reconstrucción histórica de la masacre
depende de los testimonios, las entrevistas y los
archivos, cada uno de los cuales se puede calificar de
subjetivo o estar prejuiciado.

Usualmente, cuando presento material etnográfico
y comparto testimonios de sobrevivientes de masacres
en foros públicos, me preguntan: "¿Cómo sabes que
te están diciendo la verdad? ¿Cómo decides que es la
verdad?". Uno podría creer que tales preguntas reflejan
incredulidad; sin embargo, yo he llegado a creer que
tales preguntas lo que reflejan es el deseo por un
mundo mejor, de tal suerte que las memorias de

sobrevivencia parecen, al mismo tiempo, ser obscenas y surreales para quienes no lo han experimentado o no han estado cerca de sobrevivientes. A la inversa, quienes han experimentado y sobrevivido a situaciones de violencia extrema de parte del estado, independientemente de tiempo y lugar, frecuentemente me comentan que los testimonios de Guatemala resuenan con sus propias experiencias. Efectivamente, indonesios, sudafricanos, ruandeses, salvadoreños, argentinos, chilenos, israelíes y camboyanos, entre otros, muchas veces han compartido sus propias historias para responder a quienes han preguntado sobre la veracidad de los testimonios que he presentado.

En sus relatos sobre la guerra en Vietnam, Tim O'Brien dice: "Tú puedes ver un relato verdadero de la guerra por las preguntas que haces. Alguien cuenta un relato, digamos, y después tu preguntas: '¿Será la verdad?' y si te importa la respuesta, ya tienes tu respuesta" (1990: 89). Ésta no es una respuesta tan fácil como parece. Él explica:

> "Un relato verdadero de la guerra, si aún hay moraleja, es como el hilo que hace la tela. No se puede sacar solo un poquito. No puedes extraer el significado sin desenmarañar su significado más profundo... Llega al fin al instinto de conservación. Un relato de guerra, si es contado verdaderamente, se cree con el estómago... un relato verdadero sobre la guerra nunca es sobre la guerra misma... Es sobre el amor y la memoria. Es sobre la tristeza... Se puede ver un relato verdadero de la guerra en el hecho de que nunca parece terminar. No en aquel entonces, nunca." (83-91).

Los siguientes extractos, aparentemente sin finalidad alguna, están entre los que usamos para reconstruir los eventos que precedieron a la masacre.

Son indicativos del diluvio de memorias dolorosas, compartidas mientras las viudas y los sobrevivientes buscaban reconstruir sus propias historias personales y comunitarias y, al mismo tiempo, comunicar la experiencia y la memoria de esos eventos a gente de fuera. Es de ese diluvio, que nos inundaba, del cual esperábamos extraer y desenredar los "datos", y comprender y respetar las memorias vivas compartidas con nosotros. Los fragmentos que siguen son un modesto intento por compartir tanto las memorias de los sobrevivientes como el desafío que presentan para la investigadora en el campo, que abrumada por la urgencia y la tristeza busca comprender las experiencias vividas por los sobrevivientes, de tal manera que tal comprensión tenga sentido para los sobrevivientes, la investigadora y el lector.

5.
POR QUÉ LOS CAMPESINOS FUERON A LA PLAZA

Doña Juanita: "Estábamos solicitando un pedazo de tierra. A mí me mataron a mi esposo" (Testimonio No. 7, 7 de septiembre de 1997).

Doña Francisca: "Habíamos ido a hacer un *mayejak* (una ceremonia maya) con los demás. De hacer esa práctica veníamos, a solicitar para nuestros hijos. Lo hicimos con el fin de que fuéramos escuchados, le suplicamos a Dios que nos escuchara" (Testimonio No. 13, 7 de septiembre de 1997).

Doña Rosa: "Mi esposo sólo aspiraba por un pedacito de tierra. Él quería un lugarcito dónde hacer nuestra milpa. Él no tenía ningún problema. Vivíamos tranquilos. Nunca pensé que eso nos pasara. Nunca pensé que iba a dejar a sus hijos huérfanos" (Testimonio No. 2, 7 de septiembre de 1997).

Doña Tomasa: "Mi finado esposo venía por tierras. Tenía interés de obtener un pedazo de tierra" (Testimonio No. 14, 7 de septiembre de 1997).

Doña Jacinta: "Ellos venían por las tierras que solicitaban. Ellos acababan de realizar una ceremonia. Venían con la esperanza de que fueran satisfechas sus necesidades. Nunca pensaron de que a morir venían" (Testimonio No. 20, 7 de septiembre de 1997).

Doña Soledad: "Hicieron una ceremonia, ellos querían tierras, y obtuvieron la muerte" (Testimonio No. 1, 9 de septiembre de 1997).

Doña Julia: "Mi hijo murió en la plaza. Él era miembro del comité. Mandaban los papeles o solicitudes de tierras. Como el alcalde nunca les dio respuesta, ellos decidieron venir a la municipalidad porque era la máxima autoridad" (Testimonio No. 6, 10 de septiembre de 1997).

Doña Elena: "En la mañana, primerito, el alcalde nos mandó a llamar" (Testimonio No. 1, 20 de septiembre de 1997).

Doña Manuela: "El Ejército no quiso que fuéramos a dialogar con el alcalde" (Testimonio 1, 2 de octubre de 1997).

Doña Josefa: "Vino un papel de Guatemala. El alcalde era el que traía un papel y sabía que la gente necesitaba tierras, entonces mandó a llamar a todo esta gente. 'Vengan todas las personas que necesitan tierras'. Entonces fue una gran convocatoria. Vinieron de todas partes" (Testimonio No. 1, 17 de octubre de 1997).

Cuando la multitud llegó a la plaza alrededor de las ocho de la mañana, vieron entre 20 y 60 soldados, la mayoría de ellos apostados en los techos de los edificios circundantes a la plaza. Tratando de encontrar sentido a lo que pasó, doña Dominga propone cautelosamente: "Tal vez se aburrieron de que viniéramos a cada rato. El alcalde se aburrió de nosotros". Luego, con sus manos apretadas como si fuera a rezar, da un golpecito a la mesa y dice: "Lo planificaron todo eso, porque había soldados sobre la municipalidad, sobre el salón, y sobre la iglesia" (Testimonio No. 6, 9 de octubre de 1997).

6.
MINUTOS QUE MARCARON LA MEMORIA DE LOS SOBREVIVIENTES

Don Jacinto: "Cuando supieron que la gente estaba solicitando un pedazo de tierra, no les gustó. Llamaron a los del Ejército. Se juntó la gente y les preguntaron: '¿Tienen sus papeles?' El hombre lo preguntó una vez más y nadie le contestó. Después que les preguntaron varias veces sobre esos documentos y no contestaban, enseguida abrieron fuego" (Testimonio No. 8, 6 de septiembre de 1997).

Doña Josefa: "Yo vi qué fue lo que pasó. Entregaron un papel al alcalde, a don Walter. Ya era la tercera vez que fuimos a hablar con él. A él no le gustó que le entregaran un papel. Él extendió el brazo en dirección de la gente y en seguida dispararon sobre la gente. Allí quedó mucha gente. Allí en la plaza había una palmera, pues con ella me cubrí. Pasaban los tiros cerca de mí." (Testimonio 1, 17 de octubre de 1997).

Doña Manuela: "Un campesino intentó agarrar un arma, pero no sabía cómo usarla." (Testimonio 1, 2 de octubre de 1997).

María Maquín: "De una sola balacera mataron a la gente. Fue solo un momentito. Allí cayeron todos. A mí me sorprendió mucho porque habíamos llegado hace poco. Mi abuela iba a pedir un favor. Dijo que quería hablarle al señor alcalde. Pero, no le respondieron bien. Le contestaron que qué querían. Solo quería hablarle, pedirle un gran favor. A pedirle ayuda, un pedacito de tierra. 'Por un pedacito de tierra, por eso vinimos', dijo ella. Ellos contestaron: 'Allá están sus tierras. Allá en el camposanto'. Los soldados fueron los que dijeron eso. Entonces ya no dijo nada mi abuelita y allí fue donde abrieron fuego a la cuenta de tres. Uno, dos, tres, allí abrieron fuego y me quedé sorprendida al ver a la gente morir." (Testimonio No. 2, 6 de septiembre de 1997).

Doña Manuela: "La señora Rosa Maquín (Mamá Maquín), con sus nietas, estaba mero en las gradas de la Tesorería Municipal. Allí quedaron ellas tendidas, las niñas y la viejita. La viejita recibió el balazo. Le destapó su cabeza." (Testimonio No. 1, 2 de octubre de 1997).

Don Jacinto: "Todo el mundo estaba tirado en el suelo. Unos estaban huyendo. Estaban heridos, tenían sangre por todas partes." (Testimonio No. 8, 6 de septiembre de 1997).

Doña Felipa: "Mi suegra murió en la plaza. Sólo sus hijos llegaron a la casa. Después llegaron los heridos. Llegaron muchos fracturados de las piernas o de los brazos. Muchos llegaron a mi casa." (Testimonio No. 3, 7 de septiembre de 1997).

Doña Francisca: "Mi esposo sobrevivió la masacre. Llegó a la casa y me dijo: 'Acaba de pasar algo muy doloroso. Acaban de matar a la gente en la plaza'." (Testimonio No. 13, 7 de septiembre de 1997).

7.
HUYENDO DEL EJÉRCITO

Los que sobrevivieron el tiroteo y huyeron de la plaza tenían miedo de regresar a sus aldeas porque había helicópteros del Ejército persiguiendo a la gente. La mayoría huyeron hacia el río para esconderse. Algunos pasaron hasta 36 horas en el agua, escondiéndose de los soldados que los buscaban en la orilla del río. Testimonios de los sobrevivientes y artículos de prensa escritos por periodistas que visitaron Panzós pocos días después de la masacre, indican que hubo una oleada de huida de los campesinos como resultado de la ocupación de la zona por parte del Ejército.

María Maquín: "Cuando iba por el monte, los helicópteros volaban encima de nosotros. Nos estaban buscando. Mucha gente huyó y muchos se ahogaron en el río. Los helicópteros nos estaban buscando, querían terminar de matarnos. Nosotros nos escondíamos entre el monte. Cuando veíamos que se nos acercaban, nos metíamos dentro del monte. Parecíamos pollitos. Cuando mirábamos que pasaban los soldados, salíamos corriendo. Nos escondimos entre las espinas. Estaba yo con la ropa mojada, desgarrada. Perdí mis zapatos."

"Yo no era la misma. No estaba en mi sano juicio. Ya no parecía gente. Cuando paré de correr, estaba empapada, con la ropa desgarrada y mis pies lastimados. Me entraron muchas astillas en los pies. Me entró una astilla en la parte interior de mi pierna. Ya no sentía el dolor." (Testimonio No. 2, 6 de septiembre de 1997).

Doña Francisca: "Lo único que vimos fueron los helicópteros. Cuando escuchamos que decían: 'Allá vienen', rápidamente nos fuimos. Tuvimos miedo a la muerte. Si no nos hubiéramos escondido, nos habrían matado." (Testimonio No. 13, 7 de septiembre de 1997).

Doña Tomasa: "Cuando nosotros escuchamos que están llegando los soldados, huimos lo mejor que pudimos. Nos tropezamos. Nos caímos. Muchos se ahogaron en el río, muchos." (Testimonio No. 14, 7 de septiembre de 1997).

Doña Margarita: "Había muchos militares. Nosotros estábamos huyendo. Cada quien tenía que cuidarse a sí mismo y correr. ¿Quién podía enfrentar a los militares? A ellos, hay que tener miedo." (Testimonio No. 15, 7 de septiembre de 1997).

Doña Magdalena: "Yo me escondí en el río. Los soldados nos buscaban en la orilla del río. Yo estaba bajo del agua respirando con un palito." (Testimonio 16, 7 de septiembre de 1997).

Don Jacinto: "Ya venían a buscarnos a nuestras casas. Entonces, yo me fui." (Testimonio No. 8, 6 de septiembre de 1997).

Doña Felipa: "Estaba yo allí en mi casa con los heridos cuando llegó el helicóptero. Luego llegó un camión de soldados. Rodearon mi casa y entraron.

Fueron a agarrar a mi suegro. Lo sacaron y lo empezaron a golpear con la culata de sus armas. Le daban patadas, *manadas*. Lo tiraban al suelo. Después entraron a la tienda. Rompieron la puerta y entraron. Cogieron toda la mercadería que había allí. La tienda era de mi suegro. Se tomaron las aguas. Había pan y se lo comieron. Y el dinero, pues se lo llevaron. Nos advirtieron de que iban a volver al día siguiente y que si todavía estábamos nos iban a quemar con todo y casa. Entonces, huimos." (Testimonio No. 3, 7 de septiembre de 1997).

Doña Macaria: "¡Ay Dios! Durante esa misma noche fuimos a dormir al monte. Si no lo hicimos así, nos habían agarrado en la casa (hace señas de cortar el cuello). Siempre fuimos a dormir al monte." (Testimonio No. 12, 7 de septiembre de 1997).

Doña Angelina: "Toda la aldea, todos salimos. Como llegaban a buscarnos con armas, entonces tuvimos que salir. Tuvimos miedo de sus armas." (Testimonio No. 6, 7 de septiembre de 1997).

Doña Rogelia: "Todo el pueblo tuvo miedo. Porque nunca antes vimos algo así, que mataran a la gente." (Testimonio No. 7, 6 de septiembre de 1997).

***

El miedo y la amenaza de violencia forzaron a la gente a abandonar sus casas. Se pasó de la violencia selectiva a la violencia masiva. Uno de los efectos de la violencia masiva es que la victimización es indistinta y las víctimas son anónimas. Intentando ubicar la violencia, doña Natalia explicó: "Son contadas las familias que no fueron afectadas por la violencia. Debe haber unas familias que no tuvieron muertos, pero no sé quiénes. Siempre había muertos" (Panzós Testimonio, No. 19, 7 de septiembre de 1997). Aún en las comunidades más pequeñas, la cantidad de víctimas y sobrevivientes es tan numerosa que se borra la identidad individual. Ello se origina en el silenciamiento oficial mediante la desinformación y al mismo tiempo la negación de la violencia gubernamental, reforzadas por la continuación de la violencia.

El registro meticuloso de notas durante los testimonios puede agregar un nombre, una edad, información familiar, una historia de vida, características físicas, y una personalidad a los individuos; sin embargo, este método descriptivo resulta negando la realidad de quienes participan en el proceso testimonial, que colectivamente están buscando una manera de comprender la continuidad de la violencia extrema experimentada; porque la agentividad de la sobrevivencia se encuentra en las memorias fragmentadas invocadas en ese proceso. En otras palabras, la agentividad se encuentra en la acción del presente de recordar y dar testimonio de los actos de sobrevivencia, tanto del pasado como del presente.

La antropóloga que escucha unos 20 testimonios al día, que la quiebran emocionalmente, se queda con los rostros de los sobrevivientes grabados borrosamente, y con las imágenes de los hechos sobrevividos (incluyendo los que se componen como resultado de mezclar testimonios). Más que nombres y otros datos particulares, lo que se queda grabado es el frío, el hambre, el miedo y la desesperación por la sobrevivencia, que son las sensaciones invocadas por los sobrevivientes después de tomar sus testimonios. Cuando veía a hombres y mujeres que me habían dado su testimonio previamente, a veces recordaba sus nombres; pero lo que siempre recordaba era lo que habían sobrevivido, la cadencia de su voz y el lenguaje de su cuerpo mientras me relataban sus historias, las circunstancias de sus pérdidas personales, los ríos en que se habían sumergido huyendo del Ejército, el secuestro de su hijo o esposo. Siempre recordaría su dolor, su dignidad. Yo recordaba, y sigo recordando, a las personas que me confiaron su testimonio de lo que sufrieron. Quizás los sobrevivientes me lo enseñaron cuando me dieron sus testimonios, al recordar sus experiencias de violencia como memorias vivas, no como nombres y datos congelados en el pasado. O quizás me enseñaron a "olvidar" información que potencialmente podía dañar a otras personas. Efectivamente, con pocas excepciones, mis amigos siempre me indicaron que jamás debo reconocer nuestra amistad, o incluso el conocernos, a desconocidos.

Mientras escribo este libro y cuidadosamente verifico una y otra vez los nombres, fechas y lugares de los testimonios, recuerdo las palabras de Carl Jung: "Las mejores y más significativas conversaciones de mi vida fueron anónimas" (1989: 134). Todas las personas que dieron su testimonio tienen nombres. Y, a pesar del anonimato hacia afuera, el silencio se rompió. Porque no son las identidades de las viudas y los sobrevivientes las que tienen que ser conocidas para "dar fe a sus testimonios" como expresó doña Juanita. La fe está dada por sus palabras quebrando el silencio y afirmando su derecho de hablar en contra de la violencia que sobrevivieron. Así, reafirman su agentividad y su derecho a ser escuchados. En ese proceso, las identidades de las instituciones del estado y los individuos responsables de La Violencia también fueron reveladas. Significativamente, es quebrando el silencio y el anonimato mediante el testimonio, que las acciones y vida de las víctimas y sobrevivientes se reconocen, no como víctimas sino como sujetos conscientes enfrentando la violencia extrema en su lucha personal para sobrevivir (Sanford, 1997: 6-13). Este reconocimiento de la experiencia vivida, la conciencia y la acción política del pasado y el presente es, de hecho, evidencia de que "la agentividad política es el producto de las posiciones múltiples del sujeto" (Feldman, 1991: 4).

8.
HAMBRE Y MIEDO EN EL MONTE

Durante varias semanas posteriores a la masacre, muchas personas no regresaron a sus casas por temor a las represalias del Ejército. Vivieron en las montañas, sin refugio de la lluvia; muchas personas murieron de bronconeumonía y otras por mordedura de serpiente.

> **Doña Agustina**: "Mi esposo, cuando pasó eso, estaba en cama, estaba enfermo. Cuando pasó eso había muchos muertos por todos lados, por todas partes. La gente huyó al monte. Salimos por el monte cuando llegó la tarde. Por la noche, no había nadie en su casa." (Testimonio No. 9, 6 de septiembre de 1997).

> **Doña Angelina**: "Nos escondimos en los terrenos a la orilla del río. Tuvimos mucho miedo cuando estuvimos allá. No había seguridad porque estaba el río. ¡Ay Dios! Pasaban los helicópteros. Volaban encima de nosotros. Tuvimos mucho miedo. Y éramos muchos.

Ya nadie se quedó en su casa. La aldea estaba vacía. Muchos murieron en el monte, quizás unos 50 murieron." (Testimonio No. 6, 7 de septiembre de 1997).

Doña Juanita: "Los muertos flotaban en el río. Nos asustaban. Ya no fuimos a lavar al río." (Testimonio No. 7, 7 de septiembre de 1997).

Doña Marcelina: "Cuando empezó a llover, nos cubrimos con un pedazo de nylon. No tuvimos nada para cubrirnos del frío. Dormimos sentados para que no nos pudieran sorprender." (Testimonio No. 9, 7 de septiembre de 1997).

Doña Feliciana: "Cuando calculamos que iban llegando a buscarnos, nos fuimos al monte. Cuando nos aburrimos de tanto animal e insecto en el monte, regresamos a nuestras casas. Solo con miedo vivimos. Nomás caía la tarde y empezaba el miedo. Ya no cenamos. En seguida fuimos al monte. Ya llegando al monte, tuvimos hambre." (Testimonio No. 11, 7 de septiembre de 1997).

Doña Margarita: "Cuando íbamos al monte no llevamos nada. Dormíamos sentados. A veces nos llovía encima. Buscábamos los lugares más boscosos para que no nos encontraran. Había mucho animal e insecto por allí". (Testimonio No. 15, 7 de septiembre de 1997).

9.
EL TERROR SELECTIVO
DESPUÉS DE LA MASACRE

Según los testimonios, inmediatamente después de la masacre, el Ejército y los escuadrones de la muerte,

con la colaboración del jefe de la policía, Edeliberto
Asig, y otros asesinos locales, selectivamente amenazaron, secuestraron y asesinaron a muchas personas
de las aldeas alrededor de Panzós.

Doña Erondina: "Los que llegaron a traer a mi
esposo a la casa fueron los soldados. Fue a las nueve
de la noche cuando llegaron a traerlo y desde entonces
ya no supe nada de él." (Testimonio No. 6, 6 de
septiembre de 1997).

Doña Angelina: "A mi sobrino lo sacaron de la
casa apuntando una pistola en su cara. Lo dejaron en
Sepur. Lo dejaron allí muerto. Lo tiraron de un vehículo.
Cuando lo sacaron de la casa, él estaba envuelto en
sus sábanas. Fue a las nueve por la noche y los soldados
lo llevaron." (Testimonio No. 6, 7 de septiembre de
1997).

Doña Enma: "Estaba el cayuco, estaba el jabón,
y los zapatos de él. Había las huellas de cuando él salió
del cayuco, como en la orilla del río es suave la tierra,
quedan bien marcadas las huellas. O sea, se fue sin
nada. Lo busqué por cinco días. Mi hijo nunca regresó.
Desde entonces, ya no supimos nada de él."

"Mi otro hijo, lo llevaron en helicóptero con las
manos atadas. Les pedí que por favor no se lo llevaran.
Me golpearon con un palo. Me quedé inconsciente.
Cuando me recuperé, me levanté y vi toda la sangre
que estaba derramada. Mi camisa estaba completamente
cubierta de sangre."

"Llegaron los hombres adonde mi hija. Llegaron
a su casa y dijeron que todos debían salir y formarse
enfrente de la casa. Todos tenían mucho miedo. Ella
tenía un bebe y lo tiraron a un riachuelo que hay allí.
Ataron al bebe de las manos y los pies. Luego lo tiraron
al agua. A las dos semanas de haberse llevado mi hijo
en helicóptero, escuché que habían matado a mi hija.

Es tan doloroso lo que me han hecho." (Testimonio 1, 7 de septiembre de 1997).

Doña Jacinta: "Mis dos tíos ya estaban viejos. Los soldados fueron a su casa y los sacaron. No sabemos a dónde los llevaron. Los soldados fueron de aquí de Panzós." (Testimonio No. 20, 7 de septiembre de 1997).

Doña Rosario: "Vengo por lo que pasó a mi difunto esposo. No vi y no sé dónde lo echaron, dónde lo tiraron. A mí me secuestraron a mi esposo y me quedé con cinco hijos. A mi esposo lo sacaron de la casa. Eran soldados. De plano no quisieron que los reconocemos porque tenían sus caras cubiertas con pañuelos. No sé a dónde lo llevaron. Yo me quedé en la completa pobreza, tenía que alimentar a mis hijos."

"Yo busqué a mi esposo. Pregunté por él en la Municipalidad. No me decían nada. Fui al destacamento. 'Ya no lo busques', me dijeron los soldados, 'Vete de aquí mejor y cría a tus hijos'." (Testimonio No. 13, 6 de septiembre de 1997).

10.
OTRA HISTORIA OFICIAL:
EL "CANCHE" ASIG

En una entrevista con el jefe de la policía, el *Canche* Asig, un ex alcalde y otros ex funcionarios, Asig dijo que alrededor de 800 "indios" (término despectivo para referirse a quienes se autorrefieren como q'eqchi's) llegaron a la plaza enojados y blandiendo sus machetes el día de la masacre. "Las mujeres tenían algo en sus manos y lo levantaban", dijo Asig, "había sangre en el filo de los machetes porque los indios practicaron su brujería antes de marchar hacia la plaza. Los soldados estaban en los techos de los edificios. También había unos en las calles. Quizás había unos sesenta". Asig dice que él se escondía porque tenía miedo de "los indios, porque hechizan a la gente y después cosas malas les pasan". Asig afirmó que los soldados abrieron fuego porque alguien le quitó la ametralladora a un soldado, pero que esa persona no sabía cómo usarla; y que algunos soldados, pero no todos, abrieron fuego en autodefensa. Asig explicó que solamente habían podido disparar unos pocos, porque recordaba una erupción corta de fuego y luego a la gente gritando, llorando y huyendo. Estimaba que habían muerto 30 personas y que un camión pequeño llevó los cadáveres al cementerio en dos viajes. También me dijo que la gente que se estaba organizando para demandar tierra había amenazado y matado a otros campesinos en Panzós y que yo debía entrevistar a esas personas.

Cuando le pregunté a Asig si la guerrilla se había organizado en Panzós, él respondió: "solo en los sesenta". Para apoyar su testimonio, llamó el alcalde actual y lo mandó, corriendo como si fuese su mensajero, a llamar a un ex alcalde pensionado. El ex alcalde narró una historia coincidente con lo que se dice en el capítulo uno de este libro.

Cuatro o cinco días antes de la masacre de 1978, llegó a Panzós un pelotón de soldados y se instalaron en el salón municipal. Un antiguo funcionario municipal explicó:

"Unos soldados llegaron al Barrio Maw y violaron a varias mujeres unos días antes de la masacre. También antes de la masacre hubo una reunión de militares en la Escuela de Xaliha. También en la Municipalidad hubo una reunión entre los funcionarios de la municipalidad y los finqueros antes de la masacre. Esa fue una reunión así amistosa. Tuvimos un almuerzo. Después surgió la plática que se llamara al Ejército. Sí hubo una reunión donde se trató de esto y lo que hablamos. No sé en qué quedaron porque nosotros nos retiramos." (Testimonio No. 1, 2 de octubre de 1997).

11.
LO QUE NOS DICEN LOS ARCHIVOS

Aunque el relato de Asig tiene contradicciones con los testimonios sobre la masacre en la plaza, los datos de los archivos municipales respaldan abrumadoramente las declaraciones de las viudas sobre un terror extremo durante la ola de violencia posterior a la masacre.

La investigación en los archivos municipales reveló una cantidad considerable de datos consistentes con los relatos de los sobrevivientes acerca de las desapariciones y los asesinatos como secuela de la masacre (Registro de Defunciones de Panzós, Tomo 24, 1978). En junio de 1978, murió el triple de personas por mordedura de serpientes e infecciones broncopulmonares, que en el mismo mes del año anterior; lo cual es coherente con los testimonios de las personas escondiéndose por horas dentro de los ríos y viviendo en las montañas expuestas a los elementos naturales.

Entre 1978 y 1983 el libro de defunciones registró 44 cadáveres como "XX", y teniendo las siguientes causas de muerte: estrangulación, heridas de arma de fuego y de machete. También aparecen en las actas

82 personas identificadas, teniendo como causa de muerte, violenta, asfixia (por estrangulación o inmersión en agua). La mayoría tienen traumas adicionales como corte de la vena yugular, costillas fracturadas, contusiones en el cráneo y/o abdomen causados por arma blanca y de fuego, y quemadura de la mayor parte del cuerpo. Hay 55 personas que fueron asesinadas con arma de fuego, algunos de estos registros incluyen que el arma utilizada era M-1 –que era el arma del Ejército en esa época–. En los registros aparecen 4 muertes por decapitación y 15 muertes atribuidas a traumas en el abdomen y cráneo que ocasionaron hemorragia interna. Un muerto no identificado tiene anotadas como causas de muerte: heridas de bala, hemorragia interna por trauma en el abdomen, heridas de cuchillo, y cráneo dañado como resultado de haber sido atropellado varias veces por la llanta de un camión. El 26 de noviembre de 1982 fueron encontrados en Panzós, los cadáveres mutilados de 17 hombres residentes de Sepur Zarco. En total, hay 230 muertes violentas inscritas en el registro de defunciones entre enero de 1978 y diciembre de 1982; y solo son los cadáveres encontrados en Panzós y sus alrededores, no incluye las muertes violentas en comunidades aisladas, a las cuales solamente se puede llegar caminando varias horas o viajando en helicóptero. Según un ex funcionario de la municipalidad, los registros tampoco incluyen todas las muertes violentas en el mismo Panzós.

12.
LA RECONSTRUCCIÓN
DE LA MASACRE EN LA PLAZA

Después de las entrevistas con los funcionarios de Panzós, regresamos a la casa arriba del cementerio para seguir tomando testimonios de las viudas. Nos enfocamos más en averiguar por qué algunas viudas decidieron no acompañar a sus hijos y esposos a la reunión en la plaza. Las explicaciones fueron:

- "Yo tenía miedo porque tenían sus machetes por arriba y gritaban." (Testimonio No. 1, 10 de septiembre de 1997).
- "Ellos llevaban banderas rojas con algo escrito. No puedo leer entonces no sé qué decían las banderas." (Testimonio No. 15, 10 de septiembre de 1997).
- "Las mujeres llevaba cal y chile en sus manos para tirar a los soldados. Yo no quería tirar nada y todas las mujeres y niños llevaban esto." (Testimonio No. 12, 10 de septiembre de 1997).

A los que asistieron a la reunión en la plaza, les pregunté: "¿Quién tomó el arma del soldado?" Respondieron: "Yo no sé quién, pero hubo una lucha en el frente" (Testimonio No. 4, 10 de septiembre de 1997). "Yo no sé quién lo tomó, pero no sabía cómo usarlo" (Testimonio No. 5, 10 de septiembre de 1997).

Al preguntarles por qué pensaban que el Ejército mató la gente en la plaza, respondieron:

- "Ellos estaban tratando de sacarnos de nuestras tierras." (Testimonio No. 6 y varios, 6 de septiembre de 1997).

- "Nosotros estamos tratando de recuperar nuestras tierras." (Testimonio No. 7 y varios, 6 de septiembre de 1997).

- "Ellos no les gusta nuestra costumbre (práctica de la religión maya). Ellos dicen que es brujería, hicimos costumbre la noche antes de la masacre. Hicimos costumbre pidiendo tierra." (Testimonio No. 14, 7 de septiembre de 1997).[5]

13.
UNA ALDEA SIN MUERTOS

Como se indicó páginas atrás, el policía Asig afirmó que los líderes del movimiento campesino habían amenazado, abusado y matado gente hacía 20 años.

---

5. Una diferencia entre Panzós y otras comunidades donde la FAFG había exhumado cementerios clandestinos fue que en Panzós los sacerdotes mayas esperaban hasta que nosotros habíamos salido para hacer su "costumbre" en el sitio de la fosa. Por ello, la próxima vez que vimos al sacerdote esperando nuestra salida para hacer la "costumbre" le dije, con ayuda de la traductora, que él podía hacer los ritos en cualquier momento, porque la exhumación era para ellos, no para nosotros. Me miraba con una sonrisa de incredulidad mientras yo hablaba. Cuando terminé de hablar, me pidió repetir lo que acababa de decir para asegurarse que habíamos entendido lo mismo. Luego, repitió otra vez lo que decía la traductora para asegurarse que era cierto. Con una sonrisa de satisfacción, me agradeció: "Maltiox".

Para verificar tal información nos trasladamos a la aldea La Soledad.

Cuando llegamos a la aldea cercana, organizamos dos cuartos privados en una escuela a medio construir para empezar a entrevistar a sus habitantes —que no habían participado en la reunión en la plaza—. Uno de los antiguos funcionarios que vive cerca de esta comunidad vino a saludarme y ofrecer su ayuda con las entrevistas. Le agradecí su oferta, pero la rechacé; le expliqué que necesitaba entrevistas confidenciales con miembros de la comunidad y le recordé que él y yo habíamos tenido una entrevista confidencial. Me enseñó cómo llegar a su casa por si acaso yo quería tomar un café después.

Asig no estuvo presente y no parecía que hubiese alguien intentando escuchar lo que nos dijeron los habitantes de La Soledad.

Aunque en general los testimonios respaldaban un poco las declaraciones de Asig acerca de las amenazas y los abusos, no dejó de sorprendernos la respuesta a la pregunta: "Cuántas personas de Soledad murieron después de la masacre?" Don Ricardo respondió:

"Ninguna. Nadie murió. Lo que pasó aquí es que venían unos hombres grandes de la capital con su *pick up* igual al de ustedes pero con vidrios oscuros. Nos dijeron que no iba a haber más violencia si nosotros los ayudábamos. Solamente teníamos que dar los nombres de los líderes en las otras aldeas y enseñar sus casas. Y fue cierto, ya no hubo violencia aquí. Estos señores se llaman G-2." (Testimonio No. 1-S, 12 de septiembre de 1997).

La G-2 era la sección de inteligencia del Ejército de Guatemala, y además funcionaba como escuadrón

de la muerte, tanto en el área urbana como en la rural.[6]
Yo escuché con incredulidad, porque mi expectativa
era que los testimonios fueran una repetición de lo
dicho por Asig.

Don Ricardo me estaba diciendo que él y los otros
hombres de la aldea Soledad, que estaban esperando
con mucha paciencia para dar sus testimonios, habían
sobrevivido por participar en la violencia selectiva en
contra de sus vecinos. En su relato, más que
remordimiento o miedo por la participación de su
comunidad en esta violencia, don Ricardo expresaba
incredulidad por los resultados. Cuando don Ricardo
hablaba de "ayudar" a la G-2, yo me preguntaba si él
se imaginaba lo que esta ayuda implicó: las desapariciones, las matanzas brutales, la destrucción de
familias y comunidades. Quizá eso era parte de su
incredulidad: que en medio de tanta violencia, no
hubo muertos en su comunidad.

14.
NO ES SOLO LA PERSONA
QUE DESAPARECE

Revisando los testimonios y las listas de desaparecidos
de nuestras entrevistas, no queda duda que después
de la masacre, el Ejército, la G-2 y los asesinos locales
llevaron a cabo una campaña de terror selectivo. Esta
campaña culminó en el asesinato de cada miembro y
líder de la organización por la tierra, miembros y

---

6. Véase CEH, 1999; ODHA, 1998; Jonas, 1991; Immerman
1982; Gleijeses, 1991.

líderes de las cooperativas locales, y también los sacerdotes mayas y miembros de la cofradía.

Con la desaparición o asesinato de casi todos los hombres q'eqchi's que hablaban español en Panzós, los q'eqchi's monolingües quedaron aún más separados y marginados del mundo exterior hispanoparlante y fueron casi silenciados. La masacre de 1978 y la violencia que le siguió silenció a los q'eqchi's de Panzós por casi dos décadas. La violencia casi borró una generación de memoria política y cultural de la memoria colectiva de los q'eqchi's de Panzós.

> **Doña Enma:** "Yo hablo con la verdad. Esto es todo lo que digo. El problema es si le pido a alguien que me hace favor de hablar castellano que hable por mí no lo hacen. Dicen que no pueden." (Testimonio No. 1, 7 de septiembre de 1997).

> **Doña Isabela:** "Ya no hay quien hable por nosotros. Antes, mi hijo hablaba por la comunidad. Ahora no hay nadie. Nadie puede en castellano." (Testimonio 4, 7 de septiembre de 1997).

15.
MAMÁ MAQUÍN

Mientras continuaba la exhumación, nosotros seguíamos tratando de descifrar el misterio del arma en la plaza: ¿Quién quitaría el arma a un soldado? Especialmente sin saber cómo dispararla. Yo consideraba todos los testimonios con mucho cuidado poniendo mucha atención a todos los detalles. Recordaba la primera entrevista con la nieta de una señora anciana que había muerto en la masacre. Pensaba en que una abuela de 60 años no tendría miedo de quitarle el arma a un joven. Justo en algún momento había pensado en mi propia abuela y podía imaginarla quitándole el arma al joven soldado y regañándolo; sintiéndose ella misma más allá de peligro por la autoridad que emanaría de su edad. Pero todo esto no era más que conjetura y al no tener ninguna prueba substantiva, solamente pusimos tal idea en la lista de posibles escenarios.

Al regresar a la capital, una amiga me dio un artículo sobre la exhumación en Panzós. El titular decía: "CUC revela nombre de líder matado en masacre de Panzós." Este líder era Adelina Caal Maquín. La abuela que murió en la plaza era Mamá Maquín.

Mientras que las movilizaciones urbanas en Guatemala tenían como demanda una mayor participación política y el fin de la dictadura militar, en el área rural la tierra casi siempre ha sido el catalizador para las movilizaciones. En los años sesenta, Mamá Maquín empezó a organizar a su comunidad en el valle del Polochic para exigir tierra. A finales de los años setenta, Mamá Maquín y otros dirigentes campesinos q'eqchi's en Panzós estaban movilizando cantidades grandes de q'eqchi's en protestas demandando tierra.

Aunque hay distintas versiones sobre cómo exactamente empezó la masacre, algo en lo que hay certeza es en que Mamá Maquín estaba a la cabeza de la manifestación. Su nieta María, que entonces tenía 12 años, recuerda que su abuela les dijo a los soldados que bajaran sus armas y la dejaran pasar para hablar con el alcalde.

Un panfleto de solidaridad con el movimiento guerrillero en 1981 menciona a Mamá Maquín como una "patriota" asesinada por la dictadura militar (*Guatemala News and Information Bureau*, 1981: 8). En

1983, la misma publicación incluyó el nombre de
Mamá Maquín en un artículo sobre mujeres mártires,
indicando que ella "se integró a la guerrilla en los
años sesenta" (*Guatemala News and Information Bureau*,
1983: 9). De los más de 200 viudas y sobrevivientes
entrevistados para el informe sobre la masacre de
Panzós que para la CEH hizo la FAFG, todos recordaban
a Mamá Maquín como una lideresa de la comunidad
y una defensora de los derechos por la tierra. Su
liderazgo estaba basado en su experiencia política y
en su reputación en la comunidad como una persona
que, en las palabras de una viuda de Panzós, "siempre
luchaba por nuestros derechos de la tierra".

Aunque la masacre silenció la voz de Mamá Maquín, su lucha y su legado como una lideresa permanecen
y ha sido reconocido de múltiples formas, entre ellas
por refugiadas guatemaltecas en México, quienes al
fundar una organización de defensa de sus derechos,
le pusieron como nombre "Mamá Maquín".

16.
LA VERDAD, EL RE-ENTIERRO Y
LA RECONSTRUCCIÓN DE LA HISTORIA

Durante la excavación del cementerio clandestino de
las víctimas de la masacre de Panzós, la FAFG exhumó
un total de 35 esqueletos. Después de la exhumación,
los restos fueron trasladados al laboratorio de la FAFG
en la capital de Guatemala para el análisis forense. El
28 de mayo de 1998, 20 años después de la masacre
en Panzós, tuve el privilegio de acompañar a la FAFG
en el retorno de los restos de las víctimas a sus esposas,

madres, padres, hijas, hijos y nietos. Con ello concluyó la investigación que empezamos en julio de 1997.

Fue un viaje largo el realizado a Panzós. El cielo estaba nublado por las cenizas de la reciente erupción volcánica, los incendios forestales en Petén, y la práctica estacional de quemar las tierras previo a la siembra; así, nuestra visibilidad era de menos de 100 metros debido a la densidad del humo. Las montañas de Cobán y las lomas de tierra baja estaban escondidas por la densa neblina. Meses sin lluvia habían transformado la carretera a Panzós en un camino de polvo blanco.

Cuando llegamos a la curva en la carretera, enfrente del cementerio, hubo gritos, aplausos y el sonido de una sirena. Paramos en medio de la calle y fuimos rodeados por mucha gente. Más de 400 personas estaban esperando. Las viudas que habían dado sus testimonios nueve meses antes estaban riéndose y gritando, saludaban y abrazaban a cada uno de nosotros, con sonrisas y lágrimas corriendo por sus rostros.

Las viudas llegaron a las siete de la mañana y se quedaron esperando todo el día por miedo a no estar cuando llegáramos. Nosotros habíamos estado en la oficina del Ministerio Público en Cobán hasta casi las tres de la tarde. Solo por la dedicación y la persistencia del fiscal y los forenses, logramos llegar a Panzós ese mismo día.

A pesar de haber estado de acuerdo con dar los restos a los sobrevivientes para realizar el entierro en ocasión del vigésimo aniversario de la masacre, el juez había decidido inesperadamente, esa misma mañana, que si los esqueletos eran entregados a la comunidad para el entierro, entonces los sobrevivientes renunciarían a su derecho a un juicio penal –que era, como el entierro religioso, uno de los principales objetivos de las investigaciones legales y forenses de las masacres—. Después de escribir, firmar y sellar muchos documentos durante el día, por fin el fiscal logró convencer al juez que nos permitiera llevar los restos de las víctimas a Panzós sin que los sobrevivientes perdieran su derecho a seguir procesos legales en los tribunales.

Antes de llevar los restos al salón municipal para ponerlos en ataúdes, las personas bajaron las cajas de cartón en el cementerio. Todos querían ayudar a bajar las cajas. Las viudas estaban riéndose y llorando. Cada mujer quería cargar una caja. Las mujeres mayores hicieron una costumbre maya. Hasta el cielo se abrió en un aguacero; todos corríamos el kilometro que separa el cementerio de la iglesia; las mujeres corrían con las cajas encima de sus cabezas.

Cuando llegábamos a la iglesia, las mujeres pusieron las 35 cajas encima del altar. Parecía no importar que los oradores fueran bloqueados a la vista del público por las cajas. Todo el mundo estaba escurriendo agua de sus cortes, huipiles y camisas. Casi todos estaban sonriendo, incluso los que lloraban. Había un sentido colectivo de victoria. Estas mujeres —q'eqchi's, monolingües— se habían levantado exitosamente en contra de los hombres que las amenazaron, los que mataron a sus esposos, hijos, padres, y hermanos. Varios hombres fueron al podio y hablaron en q'eqchi'. Las viudas seguían hablando entre ellas mismas en un ambiente extrañamente festivo. Sonriendo y secando la lluvia y lágrimas de sus caras, las mujeres parecían estar inconscientes de la presencia de los hombres hablándoles desde el podio del altar.

Justo cuando me preguntaba si una de las viudas iba a tener oportunidad de hablar, María Maquín se acercó al podio. Todas las viudas dejaron de hablar y enfocaron su atención en ella. Todas las conversaciones en la iglesia pararon. Se me acercó una trabajadora social bilingüe y me dijo: "Esto es importante", y empezó a traducir las palabras de María del q'eqchi' al español.

17.
"NO TENGO MIEDO"

Antes de empezar a hablar, María miró el podio tímidamente. Irguiendo su cabeza miró a la gente que llenaba la iglesia, y dijo: "No tengo miedo. No tengo vergüenza. No tengo pena". Y la iglesia quedó en silencio, salvo sus palabras y el sonido del agua al caer sobre el techo y el suelo afuera.

"No puedo contar mentiras porque yo vi lo que pasó aquí y también otras gentes lo vieron. Es por eso que hay tantas viudas y tantos huérfanos aquí", afirmaba con su pequeña voz y las viudas sentadas en los bancos de la iglesia se miraban entre sí y expresaban su acuerdo. "Hace veinte años, nos hicieron muchas cosas. Cosas malas. La sangre de nuestras madres y nuestros padres fue derramada en las calles. Trataron de matarme a mí también".

Las viudas empezaron a mecer sus cuerpos en señal de acuerdo con las palabras de María; su cadencia llegó a ser rítmica, casi hipnótica. "Gracias a Dios por darme mi vida. Nuestras madres y padres hicieron todo lo posible para hacer la vida mejor para nosotros. La sangre fue derramada en la calle por Dios también. Porque todos somos del mismo cuerpo y de la misma sangre. El mismo Dios".

Hizo una pausa para reunir sus ideas, y recobrar la compostura. En ese momento, toda la gente en la iglesia miraba hacia el altar, esperando tranquilamente a que ella continuara hablando. "Somos muy pobres", dijo María. "Debido a nuestra ignorancia, se aprovecharon de nosotros. No creían que tenemos el mismo Dios. No prestaron atención al daño que nos hacían cuando robaron nuestras tierras. Para ellos no éramos nada más que unos animales. De esto me di cuenta ese día en la plaza. Me perseguían e intentaron matarme".

Cuando dice "Intentaron matarme", empieza a temblar y a llorar. Mientras se limpia las lágrimas sigue hablando. Las viudas siguen meciéndose. Muchas de ellas también lloran, mientras se abrazan y consuelan. María habla en voz alta y con más fuerza. Todavía está llorando y ya tiembla. Dice: "Tuve que tirarme al río. Perdí mis zapatos. La corriente me arrastró. Me pegó contra las piedras. Por fin, cuando salí del río, estaba cubierta de lodo y espinas. "Pero esto nos pasó a todos. El Ejército y los finqueros nos hicieron esto porque no les gustábamos. Se aprovecharon de nosotros. Pero todavía estamos vivos". Las viudas se miran entre ellas y repitan sus palabras: "Todavía estamos vivos".

Con una expresión de tristeza dice: "Ellos pensaban que siempre iban a poder tratarnos como animales, que nunca íbamos a poder defendernos. Pero nosotros también tenemos derechos. Tenemos los mismos derechos y las mismas leyes que ellos."

"Decidí hablar hoy por la noche porque estuve en la plaza el día de la masacre. Hoy, doy mi testimonio al público. Tenemos que decir todo lo que nos pasó en el pasado para no tener miedo en el futuro". Y todas las viudas la escuchaban muy atentas y seguían meciéndose al ritmo de sus palabras.

María ya no está llorando. Sigue de pie delante de su comunidad en el altar de la iglesia. Respira profundamente y proclama con una voz alta que llena la iglesia: "Todavía tengo dolor. Tengo tanta tristeza. Perdí a mi madre, a mi padre y a mi abuela y sólo tenía 12 años. Las personas que nos hicieron esto, viven aquí tranquilas con sus familias. Por eso, digo esta noche –y aclara la voz con firmeza y fuerza– yo no tengo miedo".

La tranquilidad parece reemplazar el dolor en su rostro. Casi sonríe y dice con calma: "Antes, había miedo. Pero ya no ahora. Es por esto que hablo del dolor que sufrí". Sus palabras atraviesan la iglesia como una ola de satisfacción, casi una alegría.

"Estamos aquí para recibir los restos de nuestros seres queridos y agradezco a los forenses", dice María, y las viudas nos miran a cada uno de nosotros y nos reconocen con una sonrisa. "Estamos de acuerdo en que se conozca la verdad. No queremos sufrir como sufrimos en el pasado. Si podemos hablar sobre el pasado y todas las cosas malas que pasaron, entonces podemos decir: 'nunca más'". Toda la gente parece vibrar de acuerdo con ella. Se miran entre ellos e inclinan la cabeza en señal de aprobación.

María está llena de la energía que la gente en la iglesia le ha devuelto. "Aun las personas que hicieron estas cosas terribles, no las pueden hacer de nuevo. No lo pueden hacer de nuevo porque hay gente que nos ayuda y ya no tenemos miedo. Vamos para adelante y nunca vamos a repetir el pasado. Decían que no valemos nada. Somos humildes y nos humillaron. Tenemos que dejar nuestro miedo atrás. Tenemos que dejar nuestra vergüenza atrás. Compartimos la misma alma. Todos queremos vivir en paz". En este momento, ella tiene hipnotizado a todo el público, esperando sus palabras. Concluye: "Amo a Dios, la vida y la ley. El hombre no tiene derecho a desobedecer la ley de Dios. El hombre no es Dios. Solo Dios puede tomar una vida. Nosotros hablamos porque no tenemos miedo. Hablamos desde el corazón".

Este público de María Maquín representa la concreción de la agentividad y significa que quienes estaban silenciados y eran seres anónimos ahora pueden levantarse delante de su comunidad directa y públicamente, respondiendo a quienes ponen en duda su credibilidad y denigran sus experiencias de sobrevivencia.

El poder de lo simbólico no fue perdido por los q'eqchi's de Panzós. Las viudas y los sobrevivientes pidieron hacer el reentierro el 29 de mayo de 1998 para el aniversario de la masacre. Efectivamente, ellos pidieron que lleváramos los restos el día antes. En el vigésimo aniversario de la masacre de Panzós, me senté en una loma al lado de María Maquín después del entierro. Compartimos una bolsa de agua. Su hijo de ocho años levantó un panfleto sobre la masacre de Panzós. María me miró con una sonrisa de orgullo, casi traviesa, e inclinó su cabeza dando la aprobación a su hijo. Igual que María representaba la fe de su abuela por un futuro mejor, su hijo es la suya. Con facilidad y rapidez, él leyó el encabezado del panfleto:

> "Decir Panzós
> es decir Guatemala
> abrir los ojos
> y tener miedo de cerrarlos".

Él abrió el panfleto y leyó las palabras de Mario Benedetti:

"Cantamos porque los sobrevivientes y nuestros muertos quieren que cantemos".

Bibliografía

Aguilera Peralta, Gabriel
1981   *Dialéctica del terror en Guatemala*. San José: EDUCA.

Anderson, Thomas
1971   *Matanza: El Salvador's Communist Revolt of 1932*. Lincoln: University of Nebraska Press.

Arias, Arturo
1990   "Changing Indian Identity: Guatemala's Violent Transition to Modernity". En: Carol Smith (Ed.) *Guatemala Indians and the State: 1540-1988*. Austin: University of Texas Press, 230-257.

Benedetti, Mario
1995   "The Triumph of Memory". NACLA *Report on the Americas* 29(3): 10-12.

Borraine, Alex, Janet Levy y Ronel Scheffer
1997   *Dealing with the Past: Truth and Reconciliation in South Africa*. Cape Town: IDASA.

Browning, Christopher
1992   *Ordinary Men-Reserve Batallion 101 and the Final Solution*. New York: Harper Perennial.

Castellanos Cambranes, Julio
1992   *500 años de lucha por la tierra*, vols. 1-2. Guatemala: FLACSO.
2004   *500 años de lucha por la tierra*. Guatemala: Cholsamaj.

CEH. Comisión para el Esclarecimiento Histórico
1997a *Draft Report on El valle Polochic.* Guatemala: CEH.
1997b *MINUGUA/CEH entrevistas en Panzós.* Guatemala: CEH.
1999a *Guatemala Memory of Silence – Conclusions and Recommendations.* Guatemala: UNOPS.
1999b *Guatemala Memoria del Silencio,* tomos 1-12. Guatemala: UNOPS.

CEIHS. Centro de Investigaciones de Historia Social
1979 *Panzós: testimonio.* Guatemala: CEIHS.

Cullather, Nick
1999 *Secret History: The CIA's Classified Operations in Guatemala, 1952-1954.* Stanford, CA: Stanford University Press.

Davis, Angela
1983 *Women, Race and Class.* New York: Vintage Books.

Davis, Shelton y Julie Hodson
1982 *Witness to Political Violence in Guatemala. Impact Audit 2.* Boston: Oxfam America.

Durham, William
1979 *Scarcity and Survival in Central America: Ecological Origins of the Soccer War.* Stanford: Stanford University Press.

Feitlowitz, Marguerite
1998 *A Lexicon of Terror-Argentina and the Legacies of Torture.* New York: Oxford University Press.

FAFG. Fundación de Antropología Forense de Guatemala
2000 *Informe de la Fundación de Antropología Forense de Guatemala: Cuatro casos paradigmáticos solicitados por la Comisión para el Esclarecimiento Histórico de Guatemala.* Guatemala: FAFG.

Galeano, Eduardo
1989 *The Book of Embraces.* London: WW Norton and Company.

García Añoveros, Jesús
1987   *La reforma agraria de Árbenz en Guatemala.* Madrid:
        Ediciones Cultura Hispana, Instituto de Cooperación
        Iberoamericana.

Gleijeses, Piero
1991   *Shattered Hope.* Princeton: University of Princeton
        Press.

Goldhagen, Daniel
1996   *Hitler's Willing Executioners.* New York: Knopf.

Gould, Jeffrey
1990   *To Lead as Equals- Rural Protest and Political Consciousness
        in Chinandega, Nicaragua, 1912-1979.* Chapel Hill:
        University of North Carolina Press.
1998   *To Die This Way – Nicaraguan Indians and the Myth of
        Mestizaje, 1880-1965.* Durham: Duke University
        Press.

Gourevitch, Phillip
1999   *"This is To Inform You that Tomorrow We Will Be Killed
        With Our Families": Stories from Rwanda.* New York:
        Farrar, Strauss & Giroux.

Gramajo, Héctor
1995   *De la guerra... a la guerra.* Guatemala: Fondo de Cultura
        Editorial, S.A.

Guatemala News and Information Bureau (GNIB)
1981   *Guatemala News and Information Bureau News Bulletin.*
1983   *Guatemala News and Information Bureau News Bulletin.*

Handy, Jim
1984   *Gift of the Devil – A History of Guatemala.* Boston: South
        End Press.

Immerman, Richard
1982   *The CIA in Guatemala: The Foreign Policy of Intervention.*
        Austin: University of Texas Press.

Jonas, Susanne
1991   *The Battle for Guatemala-Rebels, Death Squads and U.S. Power.* Boulder: Westview Press.

Jung, Carl
1989   *Memories, Dreams, Reflections.* New York: Vintage Books.

Levenson-Estrada, Deborah
1994   *Trade Unionists Against Terror: Guatemala City, 1954-1985.* Chapel Hill: University of North Carolina Press.

Levi, Primo
1958   *Survival in Auschwitz.* New York: Simon and Schuster.
1965   *The Reawakening.* New York: Touchstone Books.
1988   *The Drowned and the Saved.* New York: Vintage Books.

Lieblich, Julia
1998   "Pieces of Bone". AGNI 47 (1998)1-20.

Lovell, George
1985   *Conquest and Survival in Colonial Guatemala: A Historical Geography of the Cuchumatan Highlands, 1500-1821.* Kingston, Ontario: Queens University Press.

Loveman, Brian y Thomas Davies
1997   *Guerrilla Warfare.* Wilmington: SR Books.

Mankekar, Purnima
1999   *Screening Culture, Viewing Politics: An Ethnography of Television, Womanhood and Nation in Postcolonial India.* Durham: Duke University Press.

Martínez Peláez, Severo
1979   *La patria del criollo: Ensayo de interpretación de la realidad colonial guatemalteca.* San José: Editorial Universitaria Centroamericana.
1985   *Motines de indios – La violencia colonial en Centroamérica y Chiapas.* Puebla, México: Cuadernos de la Casa.

McCreery, David
1976   "Coffee and Class: The Structure of Development in
        Liberal Guatemala". *Hispanic American Historical Review*,
        56: 438-460.
1983   "Debt Servitude in Rural Guatemala, 1876-1936". *The
        Hispanic American Historical Review*, vol. 63, No. 4 (Nov.
        1983), pp. 735-759.
1994   *Rural Guatemala, 1760-1940*. Stanford: Stanford
        University Press.

Menjívar, Rafael
1969   *Reforma agraria: Guatemala, Bolivia, Cuba*. San Salvador:
        Editorial Universitaria de El Salvador.

Montejo, Victor
1987   *Testimony: Death of a Guatemalan Village*. Willimantic:
        Curbstone Press.
1999   *Voices from Exile: Violence and Survival in Modern Maya
        History*. Norman, OK: University of Oklahoma
        Press.

Nairn, Allan
1983   "The Guns of Guatemala", *The New Republic*, April
        11, pp. 17-21
1984   "Behind the Death Squads", *The Progressive*, May 21,
        pp. 9-13.

O'Brien, Tim
1990   *The Things They Carried*. New York: Penguin Books.

ODHA. Oficina de Derechos Humanos del Arzobispado
1998   *Guatemala – Nunca más*. Tomos 1-4. Informe Proyecto
        Interdiocesano de Recuperación de la Memoria
        Histórica. Guatemala: ODHA.

Oehler, Klaus y Nelson Amaro
1971   *Los minifundios de Guatemala: Situación y perspectivas,
        enfoque especial del indígena*. Guatemala: Editorial
        Financiera de Guatemala.

Orwell, George
1992   *Nineteen Eighty-Four*. New York: Knopf.

Pandey, Gyanendra
1989   "The Colonial Construction of 'Communalism': British
        Writings on Banaras in the Nineteenth Century". In
        Subaltern Studies VI. Ranajit Guha, Ed., Delhi: Oxford
        University Press.

Paz Cárcamo, Guillermo
1986a   *Guatemala: reforma agraria.* San José: Editorial Univer-
        sitaria Centroamericana.
1986b   *Política agraria: una propuesta para la coyuntura de Guatemala
        en 1986.* San José: Instituto Centroamericano de Docu-
        mentación e Investigación Social.

Pohlandt-McCormick, Helena
1999   I Saw a Nightmare – doing violence to memory, the
        Soweto Uprising, June 16, 1976. Dissertation, phd.
        University of Minnesota.

Portelli, Alessandro
1991   *The Death of Luigi Trastulli and Other Stories – Form and
        Meaning in Oral History.* Albany: State University of
        New York Press.

Sanford, Victoria.
1999   "Between Rigoberta Menchu and La Violencia:
        Deconstructing David Stoll's History of Guatemala",
        Latin American Perspectives, Issue 109, Vol. 26, No. 6
        (Nov).
2000   "The Silencing of Maya Women from Mama Maquin
        to Rigoberta Menchu", *Social Justice,* Volume 27:1
        (Spring).
2003   *Violencia y genocidio en Guatemala,* Guatemala: F&G
        Editores.
2003   *Buried Secrets: Truth and Human Rights in Guatemala,*
        New York: Palgrave/Macmillan.
2003   "The 'Gray Zone' of Justice: NGOs and Rule of Law
        in Post-War Guatemala", *The Journal of Human Rights*
        Vol. 2, No. 3, Fall.
2007   "Bridging the Emotional Gulf: Reflections on the
        Intimacy and Distance of Exhuming Traumatic

Memories" in *Archaeological Review from Cambridge*, Special Issue on "The Disturbing Past-Does Your Research Give You Nightmares?" Edited by Alison Klevnas and James Holloway, vol. 22:2, 17-23.

2008 *Guatemala: Del genocidio al feminicidio*, Guatemala: F&G Editores.

Speed, Shannon
2008 *Rights in Rebellion: Indigenous Struggle and Human Rights in Chiapas*. Stanford, CA: Stanford University Press.

Stener Carlson, Eric
1996 *I Remember Julia – Voices of the Disappeared*. Philadelphia: Temple University Press.

Stoll, David
1994 *Between Two Armies in the Ixil Towns of Guatemala*. New York: Columbia University Press.
1998 *Rigoberta Menchú and the Story of All Poor Guatemalans*. Boulder: Westview Press.

USAID. United State Agency for International Development
1965 "Public Safety Division US AID/Guatemala Memorandum: Operational Rescue of Terrorist Kidnapping and Guatemala Police Activity to Counter". December.

United States Central Intelligence Agency
1966 "Declassified Memorandum Guatemala", March.
1966 "Declassified Memorandum Guatemala", April.
1982 "Declassified Document Secret G5-41", February.

United States Department of Defense
1947-1991 School of the Americas (SOA) Academic Records Released under the Freedom of Information Act, School of the Americas 1947-1991 Yearly Lists of Guatemalan Military Officers trained at SOA.

United States Embassy in Guatemala
1962 "Declassified Memorandum to the Secretary of State", September 15.

1963   "Declassified Memorandum to the Secretary of State", March 13.
1964   "Declassified Memorandum to the Secretary of State", January 23.
1966   "Declassified Telegram from the US Embassy to the Department of State", January 5.

United States Department of State
1981   "Declassified Secret Memorandum Reference: Guatemala 6366", October 5.
1982   "Declassified Secret Memorandum Guatemala: Human Rights Analysis". November 3.

United States Special Group
1963   "Declassified Memorandum", September 25.

Watanabe, John
1992   *Maya Saints and Souls in a Changing World.* Austin: University of Texas Press.

Williams, Roger G.
1986   *Export Agriculture and the Crisis in Central America.* Chapel Hill: University of North Carolina Press.
1994   *States and Social Evolution – Coffee and the Rise of National Governments in Central America.* Chapel Hill: University of North Carolina Press.

Wilson, Richard
1995   *Maya Resurgence in Guatemala.* Oklahoma City: University of Oklahoma Press.

Zur, Judith
1998   *Violent Memories – Mayan War Widows in Guatemala.* Boulder: Westview Press.

La masacre de Panzós. Etnicidad, tierra y violencia en Guatemala, de *Victoria Sanford*. Se terminó de imprimir en octubre de 2009 año del décimo aniversario de la publicación de *Guatemala, memoria del silencio*, informe de la Comisión para el Esclarecimiento Histórico de las Violaciones a los Derechos Humanos y los Hechos de Violencia que han Causado Sufrimientos a la Población Guatemalteca. F&G Editores, 31 avenida "C" 5-54 zona 7, Colonia Centro América, 01007. Guatemala, Guatemala, C. A. Telefax: (502) 2439 8358 Tel.: (502) 5406 0909 informacion@fygeditores.com www.fygeditores.com